Vivre au rythme de la LUNE 2023

Mise en garde

Malgré tout le soin apporté à la rédaction de cet agenda, une erreur aura pu s'y glisser. L'auteure et l'éditeur déclinent toute responsabilité concernant l'utilisation des recettes et ne sauraient être tenus pour responsables des conséquences qui découleraient de l'utilisation de ce manuel ou d'une mauvaise interprétation. Par ailleurs, cet agenda ne saurait remplacer un médecin ni se substituer à un traitement médical.

Crédits photos : AdobeStock.com

Imprimé en France par Présence graphique
en juillet 2022

Dépôt légal : août 2022
ISBN : 978-2-84939-233-1

1, rue Jean de Brion
77520 Donnemarie-Dontilly

calendrier-lunaire.info

Vivre au rythme de la LUNE 2023

Pouvoirs bienfaisants • Santé • Beauté • Bien-être

ÉDITIONS
MOSAÏQUE-SANTÉ

Comprendre la Lune et ses cycles

La lune serait vieille de 4,5 milliards d'années. Elle est juste un peu plus jeune que la Terre... Plusieurs scénarios existent sur son origine, mais le plus probable est qu'elle serait le résultat d'une collision entre une protoplanète nommée Théia, de la taille de Mars, et notre jeune planète Terre.

La lune est l'unique satellite naturel de la Terre. Elle se lève à l'est et se couche à l'ouest, comme le soleil et les étoiles, tout simplement parce que la Terre tourne sur elle-même d'ouest en est. Nous voyons toujours la même face de la lune, car sa rotation sur elle-même est égale à sa révolution autour de la Terre. Elle n'a ni atmosphère ni champ magnétique, et sa température à la surface varie de – 233 °C à 123 °C... Un peu extrême pour aller y passer nos prochaines vacances !

Les rythmes lunaires

Le cycle synodique

C'est le rythme le plus connu et celui que l'on peut observer le plus facilement. Il correspond à l'intervalle de temps entre deux lunaisons, c'est-à-dire entre deux nouvelles lunes. Sa durée moyenne est de 29 jours 12 heures 44 minutes et 3 secondes.

On appelle **lune croissante** la période où le croissant de lune (sa surface lumineuse) augmente, c'est-à-dire entre la nouvelle lune et la pleine lune.

On appelle **lune décroissante** la période où le croissant de lune diminue, c'est-à-dire entre la pleine lune et la nouvelle lune.

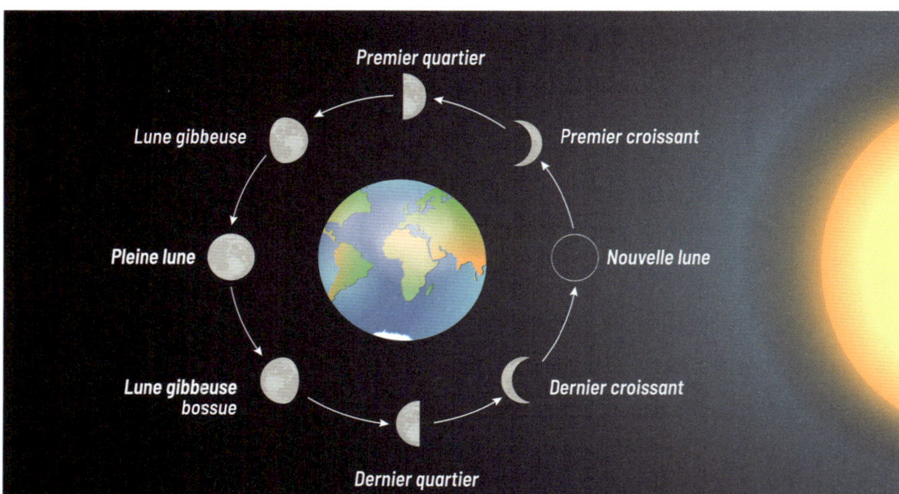

Croissante ou décroissante ?

Pour savoir si la lune est en phase croissante ou décroissante, on accole un trait vertical au quartier de lune que l'on voit : si cela dessine un « p », on est en présence du « premier » quartier, la lune est donc croissante. S'il s'agit d'un « d », on observe le « dernier » quartier, lorsque la lune est décroissante (hémisphère nord).

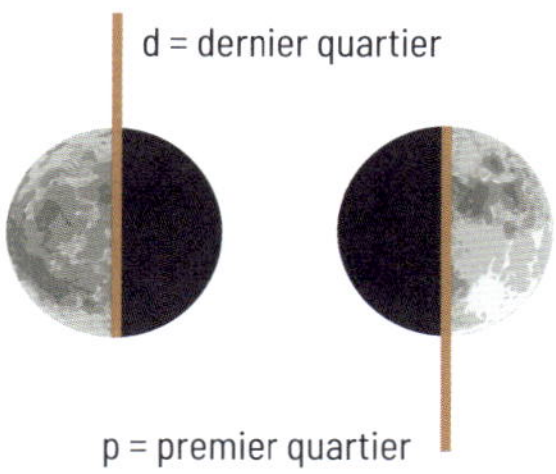

◆ ***Le cycle périodique, ou sidéral***

C'est le cycle de la lune montante et descendante, qui correspond à la période que met la lune pour faire le tour complet de la Terre, en prenant pour repère l'arrière-plan fixe des étoiles (constellations). Sa durée est de 27 jours, 7 heures, 43 minutes et 12 secondes.

La **lune est montante** si au fil des jours, l'arc de cercle qu'elle décrit s'agrandit progressivement, montant de l'horizon au milieu du ciel. Repérez un soir à une heure précise la hauteur de la lune (par rapport à une maison par exemple) et si le lendemain celle-ci est plus haute dans le ciel, alors la lune est montante.

La **lune est descendante** si au fil des jours, l'arc de cercle qu'elle décrit diminue progressivement, descendant du milieu du ciel à l'horizon. Repérez un soir à une heure précise la hauteur de la lune et si le lendemain celle-ci est plus basse dans le ciel, alors la lune est descendante.

Les phases de la lune

◆ ***La nouvelle lune***

La phase de la nouvelle lune englobe les deux jours précédents et suivants la date fixe de la nouvelle lune. La lune n'est pas visible de la Terre, c'est pour cette raison qu'on la nomme également lune noire. Elle se trouve exactement entre le soleil et la Terre. Elle nous paraît donc invisible à l'œil, car elle est éclairée par-derrière. La lune et le soleil se lèvent et se couchent quasiment en même temps. La nouvelle lune se lève toujours de jour.

◆ ***Le premier croissant***

La lune apparaît après midi, sous la forme d'un croissant, entre le troisième et le quatrième jour suivant la nouvelle lune (on commence à voir une petite partie de sa face éclairée par le soleil). La partie visible forme un C à l'envers.

◆ ***Le premier quartier***

En fin de journée, on voit la moitié de la face éclairée de la lune. Elle met 7 jours pour atteindre ce stade. Si on trace une barre verticale imaginaire contre la partie éclairée de l'astre, elle prend la forme d'un p (comme premier quartier).

◆ ***La lune gibbeuse croissante***

Le soir, la partie visible de la lune (éclairée par le soleil) représente 75 % de sa surface : on la dit croissante.

◆ ***La pleine lune***

La pleine lune se produit 2 semaines après la nouvelle lune. Cette phase englobe les deux jours précédents et suivants la date fixe de la pleine lune.

La Terre se trouve alors entre le soleil et la lune, qui est donc entièrement visible depuis notre planète. Elle apparaît toute ronde, éclairée par le soleil, et on la nomme parfois lune blanche.

La lune et le soleil sont en opposition. Lorsque l'un se lève, l'autre se couche : la pleine lune ne se lève donc que de nuit. Grâce à cet effet d'opposition qui améliore sa luminosité, l'astre est douze fois plus lumineux que lorsqu'il ne présente qu'un quartier. Si vous prenez le temps de regarder la lune quand elle est proche de l'horizon (lorsqu'elle se lève ou se couche), elle vous apparaîtra plus grande.

• *La lune gibbeuse décroissante*

Deux semaines et demie après la nouvelle lune, la partie visible de l'astre diminue et on ne voit que 75 % de sa surface au petit matin. Elle est de moins en moins éclairée : on parle de lune décroissante.

• *Le dernier quartier*

Le matin, la lune nous montre la moitié de sa face éclairée. Cette phase se produit trois semaines après la nouvelle lune et une semaine avant la prochaine nouvelle lune. Si on trace une barre verticale imaginaire contre la partie éclairée de l'astre, elle prend la forme d'un d (comme dernier quartier).

• *Le dernier croissant*

On ne voit plus que 25 % de la surface de la lune éclairée par le soleil, toujours le matin, de 3 à 4 jours avant la nouvelle lune. La partie visible forme un C.

Super lune et lune bleue

Si la pleine lune coïncide avec le périgée (moment où la lune est la plus proche de la Terre), elle sera encore plus grande qu'une pleine lune classique. C'est ce que l'on appelle une super lune. En 2023, ce phénomène aura lieu trois fois : le 1er-2 août, le 30-31 août et le 28-29 septembre.

Si deux pleines lunes co-existent dans le même mois, la deuxième sera appelée lune bleue. C'est une pleine lune particulière, soi-disant plus puissante. Elle ne prend toutefois une couleur bleue que lors d'éruptions volcaniques, comme celles du Pinatubo en 1991, du mont Saint Helens en 1980, du volcan El Chichon en 1983 et du Krakatoa en 1883.

Quand la lune est mal lunée

• *Apogée et périgée*

La lune se déplace sur une orbite elliptique tout autour de la Terre. La distance de la Terre à la lune varie donc régulièrement suivant sa position. Elle passe de l'apogée au périgée.

L'apogée correspond au point de l'ellipse orbitale où notre satellite est le plus éloigné de la Terre. À l'opposé, le périgée correspond au point de l'ellipse orbitale où notre satellite est le plus proche de la Terre et sa vitesse au maximum.

Le cycle de passage de la lune d'un périgée à l'autre est appelé **révolution lunaire anomalistique**. Il est en moyenne de 27 jours 13 heures 18 minutes et 33 secondes.

Vous ne devez pas toucher à vos cheveux, ongles et poils 6 heures avant et 6 heures après un apogée ou un périgée, car les effets lunaires seraient néfastes sur les soins.

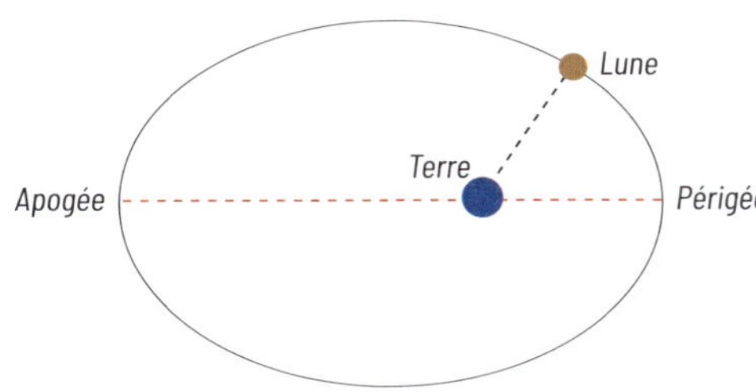

• *Les nœuds lunaires*

Un nœud lunaire est le moment où la lune coupe le plan de rotation de la Terre autour du soleil (plan de l'écliptique). Pendant sa révolution autour de la Terre, la lune va traverser l'écliptique à deux reprises : une fois en montant (nœud lunaire montant) et une fois en descendant (nœud lunaire descendant).

Le cycle de passage de la lune pour aller d'un nœud lunaire ascendant au nœud lunaire ascendant suivant est appelé révolution lunaire draconitique. Ce nom fait référence à un dragon mythique vivant aux nœuds et qui mange le soleil ou la lune pendant les éclipses, qui se produisent lorsque la

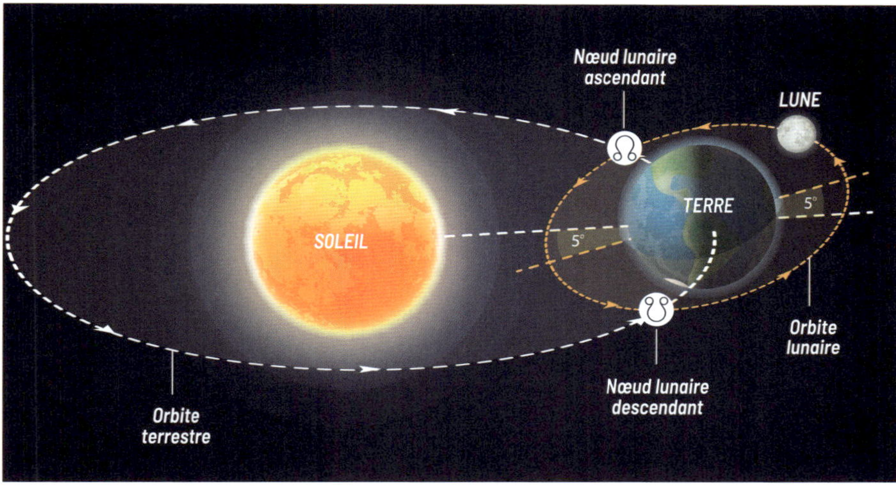

lune est près d'un nœud. Ce cycle dure en moyenne 27 jours 5 heures 5 minutes et 36 secondes.

Vous ne devez pas toucher à vos cheveux, ongles et poils 6 heures avant et 6 heures après un nœud lunaire, car les effets de l'astre seraient néfastes sur les soins.

Les éclipses

Les éclipses se produisent lorsque la Terre, la lune et le soleil sont alignés, phénomène appelé syzygie.

Les éclipses de lune

Elles se produisent au moment de la pleine lune. La Terre se trouve entre le soleil et la lune ; cette dernière est donc entièrement visible de la Terre. Il y a éclipse de lune lorsque la lune passe dans le cône d'ombre ou dans le cône de pénombre de la Terre.

Une éclipse de lune par la pénombre aura lieu le 5 mai 2023 à 19 h 23 (elle commencera à 17 h 14 et finira à 21 h 32, et sera visible en Asie, Afrique et Australie). Une éclipse partielle de lune aura lieu le 28 octobre 2023 à 22 h 14 (elle commencera à 20 h 02 et finira à 00 h 26, et sera visible en Europe, Afrique et Australie).

Les éclipses de soleil

Elles se produisent au moment de la nouvelle lune. La lune n'est pas visible de la Terre, car elle est éclairée par-derrière. Lors de l'éclipse, la lune se trouve exactement entre le soleil et la Terre, et sa taille apparente est à peu près la même que celle du soleil. En effet, si le soleil a un diamètre 400 fois plus grand que celui de la lune, il est également 400 fois plus loin ; d'où cet effet de superposition. Il y a éclipse de soleil lorsque la Terre passe dans le cône d'ombre ou dans le cône de pénombre de la lune.

Une éclipse annulaire totale de soleil aura lieu le 20 avril 2023 à 06 h 17 (elle commencera à 03 h 34 et finira à 08 h 59, et sera visible en Indonésie et Australie). Une autre éclipse annulaire aura lieu le 14 octobre 2023 à 20 h 00 (elle commencera à 17 h 04 et finira à 22 h 55, et sera visible en Amérique).

Éclipse totale de soleil

Signes et constellations : ce n'est pas la même chose !

Les 13 constellations du zodiaque se partagent l'écliptique (plan géométrique contenant l'orbite de la Terre autour du soleil et l'orbite des autres principales planètes) en bandes variant de 6,5° pour le Scorpion à 45° pour la Vierge (Ophiuchus n'apparaissant jamais dans les calenariers lunaires).
Contrairement aux constellations, les 12 signes zodiacaux ne constituent pas des regroupements stellaires. Ils se partagent le cercle écliptique en bandes d'une largeur de 30°.

Les constellations du zodiaque

Le soleil, la lune et les planètes se déplacent dans le ciel étoilé. Afin de se repérer, les voyageurs et les marins regardaient entre autres le ciel étoilé afin de s'orienter. Les constellations (terme latin qui signifie « serti d'étoiles ») sont des regroupements apparents d'étoiles brillantes voisines dans une portion du ciel, visibles à l'œil nu, représentant des formes auxquelles on a donné des noms. Elles portent des noms d'animaux, d'objets ou de personnages religieux et mythologiques. Le mot zodiaque vient quant à lui du grec *zodiakos*, qui veut dire « cercle de petits animaux ».

Les 13 constellations du zodiaque sont le Bélier, le Taureau, les Gémeaux, le Cancer, le Lion, la Vierge, la Balance, le Scorpion, Ophiuchus (ou le Serpentaire), le Sagittaire, le Capricorne, le Verseau et les Poissons.

◆ *La lune dans les constellations*

En réalisant son orbite autour de la Terre, la lune passe devant chaque constellation et y reste en moyenne entre 1 et 4 jours. Les constellations modifient les influx lunaires en activant temporairement leurs propres influences, et impactent ensuite les organismes vivants terrestres.

Elles sont classées suivant les quatre éléments constituant notre univers : Feu, Terre, Air et Eau. Après bien des recherches, on a pu relier les éléments des constellations aux soins spécifiques pour le corps, la santé et le bien-être comme on avait pu le faire pour les plantes. Votre agenda est le résultat de ces applications !

◆ *Les constellations suivant leur élément*

▲ Bélier, Lion, Sagittaire – Élément Feu : évoque le soleil et symbolise la régénération. C'est un élément actif et masculin.

▼ Taureau, Vierge, Capricorne – Élément Terre : symbolise le féminin et la fécondité.

▲ Gémeau, Balance, Verseau – Élément Air : symbolise le masculin, le mental, et correspond à l'univers des senteurs et des vibrations.

▼ Cancer, Scorpion, Poissons – Élément Eau : symbolise le féminin et l'inconscient. L'eau est la source de toute vie, elle purifie et régénère.

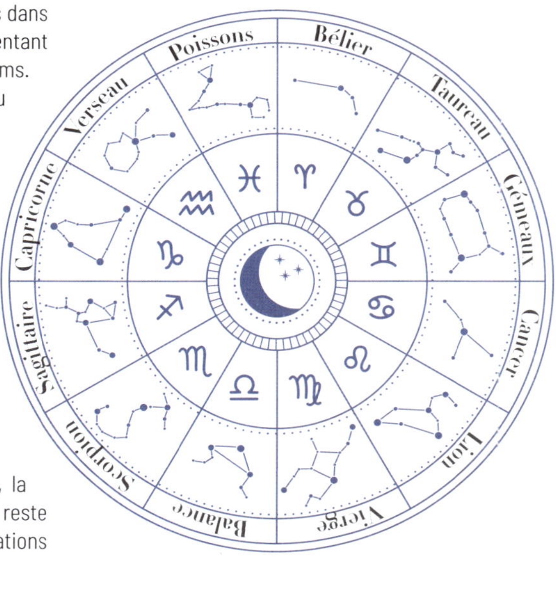

Les bienfaits de la Lune

Prenez soin de vous en phase avec la lune et les éléments. Que ce soit pour s'occuper de vos cheveux, de vos ongles, de votre peau, pour mettre en place un régime ou une simple diète, la lune va vous donner un coup de pouce. Elle sera votre alliée santé, beauté et bien-être. Mais attention, les soins à réaliser seront différents suivant les phases de la lune, et certains éléments comme périgées, apogées et nœuds lunaires peuvent les perturber.

Le passage de la lune devant les constellations influencera également l'intensité des soins, de même que la lune montante ou descendante accentuera les influences de la lune croissante et décroissante. C'est pour cette raison que cet agenda lunaire a été créé : pour vous simplifier la vie et vivre tout naturellement au rythme de la lune. Il sera votre guide, mais vous devez décider de commencer à prendre soin de vous aujourd'hui, dès maintenant !

De la nouvelle lune à la pleine lune : lune croissante

◆ ***Lune croissante***

L'énergie remonte : élaborez et créez vos rêves, faites-vous plaisir, initiez-vous à ce que vous avez toujours voulu étudier, découvrir, connaître.

C'est la période idéale pour pratiquer des rituels d'attraction, de réussite, de prospérité et de vitalité

La lune et nous

Notre corps étant constitué de plus de 60 % d'eau, nos cellules connaîtraient un phénomène de micromarées intérieures qui suivent les rythmes de la lune.
Le rayonnement électromagnétique de la lune joue un rôle sur notre organisme et plus particulièrement sur notre hypothalamus (glande qui orchestre la production d'hormones). Par exemple, la pleine lune augmente notre taux de testostérone, qui influence le désir sexuel. Quant à la mélatonine (hormone du sommeil), des chercheurs ont découvert que son taux de sécrétion diminuait de moitié sous l'influence de la pleine lune, créant une sensation d'insomnie. En moyenne, nous perdrions 20 minutes de sommeil et 15 % de la qualité de notre sommeil.
Lors d'une étude réalisée en Floride, le Dr Andrews a également constaté que les saignements postopératoires étaient plus importants en période de pleine lune et de nouvelle lune.
Si les cycles lunaires rythment l'humeur et la santé de l'homme, ils ont également une action sur notre corps. Des recherches ont ainsi montré qu'en lune montante, la taille des vaisseaux capillaires augmentait. Se couper les cheveux en lune croissante et montante permettra donc une repousse rapide, avec vigueur et santé.

afin d'attirer les énergies positives. Ne faites pas d'excès alimentaire durant toute la lune croissante (vous risqueriez de prendre du poids), par contre, vous pouvez en profiter pour faire une cure tonifiante (tisanes d'ortie, phytothérapie, apports de compléments alimentaires mieux assimilés par l'organisme) afin de lutter contre la fatigue. Planifiez un massage énergisant et tonifiant, cela va vous booster.

C'est une période favorable pour couper ses cheveux afin qu'ils repoussent plus rapidement, pour les colorer (les couleurs tiendront mieux), pour des soins aux cheveux gras (masque, après-shampoing...). C'est également le bon moment pour prendre soin de ses ongles afin de les fortifier (mais repousse rapide) ou des peaux sèches et mixtes.

◆ *Nouvelle lune*

La nouvelle lune amorce un nouveau cycle lunaire, une phase de calme et d'introspection où l'énergie cherche à se renouveler. C'est le moment idéal pour faire le plein d'inspiration et réfléchir à de nouveaux objectifs, de « manifester » ses vœux, de regarder l'avenir et d'inviter la nouveauté dans sa vie. C'est le point de départ pour concrétiser ses rêves.

La nouvelle lune est la période idéale pour jeûner (monodiète de 3 jours afin de détoxifier les reins, les intestins et la peau à l'aide de plantes et des fibres), se débarrasser des mauvaises habitudes alimentaires et pour nettoyer et purifier votre peau en profondeur.

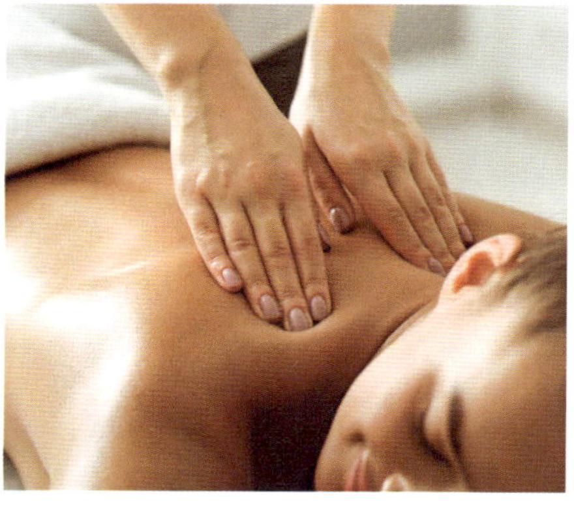

◆ *Premier croissant*

C'est un moment d'abondance et de créativité dans l'élaboration de ses rêves et de ses projets.

Précisez votre intention : concentrez-vous, visualisez et affirmez-la quotidiennement.

◆ *Premier quartier*

C'est le temps de la réalisation de vos projets. Certaines épreuves s'imposeront peut-être à vous, mais ayez toujours confiance et restez positif. Trouvez les solutions aux défis posés avec un esprit résolu. Pratiquez la méditation afin d'améliorer la connaissance de vous-même et recevoir de judicieux conseils...

◆ *Lune gibbeuse croissante*

Adaptation, ajustement et harmonisation de vos projets qui se concrétisent. Faites le plein d'énergie !

De la pleine lune à la nouvelle lune : lune décroissante

◆ *Lune décroissante*

Changement d'énergie : c'est une phase de réalisation et de lâcher-prise. Finalisez ce que vous avez commencé, puis transmettez-le et diffusez-le. Faites le ménage de tout ce qui peut être préjudiciable pour vous (dépendance, embonpoint, énergie négative...) et recentrez-vous (méditation, relaxation, massage relaxant, balade en forêt, etc.).

C'est un cycle d'élimination des toxines, alors profitez-en : faites une détox, une cure dépurative (tisanes diurétiques), une monodiète, un jeûne long, etc. Maigrissez en douceur. Mangez des légumes verts, des fibres, des jus de fruits...

C'est une période favorable pour couper ses cheveux afin qu'ils repoussent plus lentement, plus épais, plus forts et qu'ils fourchent moins. C'est également le bon moment pour prendre soin des cheveux secs et mixtes (masques), pour traiter les pellicules ou réaliser une permanente, qui abîmera moins les cheveux. C'est le moment idéal pour s'épiler (repousse lente), pour prendre soin de ses ongles (repousse lente, forts et résistants), des peaux grasses (sudation, gommage...) et de ses dents.

◆ *Pleine lune*

La pleine lune est le point culminant des énergies. Exploitez cette abondance afin de surmonter les obstacles qu'il reste à franchir pour mener à bien votre entreprise. Les énergies créatrices se libèrent pour concrétiser vos rêves ! Lâchez prise et réalisez vos projets. Si besoin, canalisez le trop-plein d'énergie en pratiquant des activités sportives.

La pleine lune accentue les effets de la cure détox. Elle est propice à la libération des mauvaises habitudes, vibrations et énergies. Profitez de ce moment pour méditer, analyser et remercier (gratitude).

◆ *Lune gibbeuse décroissante*

Régénérez-vous physiquement et émotionnellement.

◆ *Dernier quartier*

Laissez aller, lâchez prise : vous entrez dans une période de réflexion et d'introspection. Recherchez les réponses en vous. Faites le bilan, délivrez-vous de tout ce qui peut vous ralentir et réjouissez-vous du chemin parcouru.

Le dernier quartier est également propice aux soins dentaires.

◆ *Dernier croissant*

C'est le moment de préparer le bilan : que s'est-il passé ? Qu'avez-vous appris ? Assimilez et aimez ce que vous êtes devenu. Il faut s'octroyer du temps pour flâner et rêver, afin de faire le plein d'inspiration pour préparer la nouvelle lune qui arrive.

Les soins à réaliser suivant les constellations

Vous retrouverez ci-dessous les principaux soins à réaliser (ou non) suivant les constellations traversées par la lune. C'est vraiment à titre indicatif, car suivant si la lune est croissante/montante, croissante/descendante, décroissante/descendante ou décroissante/montante, le résultat variera d'intensité. Les combinaisons croissante/montante et décroissante/descendante seront toujours plus fortes.

De plus, il faut toujours avoir à l'esprit que les nœuds lunaires, périgées et apogées sont des périodes défavorables où il ne faut toucher ni aux cheveux, ni aux ongles, ni aux poils.

C'est pourquoi cet agenda va vous simplifier la vie : prenez et notez vos rendez-vous et suivez tranquillement au jour le jour les soins à réaliser !

Zodiaque	Lune croissante	Lune décroissante
Bélier	◆ *Coupe des cheveux (repousse plus rapide avec vigueur et santé).* ◆ *Coloration des cheveux (les couleurs tiennent mieux).* ◆ *Soins aux cheveux gras (masque, après-shampoing...).* ◆ *Massage énergétique et tonifiant.*	◆ *Soins des ongles (pour les renforcer et repousse lente).* ◆ *Permanente (abîme moins les cheveux).* ◆ *Soins aux cheveux secs et mixtes (masque...).* ◆ *Soins des peaux grasses (sudation, nettoyer, assainir, gommer...).* ◆ *Épilation (repousse lente).* ◆ *Commencer un jeûne long, un régime, en pensant à boire beaucoup.*

Zodiaque	Lune croissante	Lune décroissante
Taureau	• Soins aux cheveux gras (masque, après-shampoing…). • Massage énergétique et tonifiant.	• Soins aux cheveux secs et mixtes (masque). • Soins des ongles (pour les renforcer et repousse lente). • Soins dentaires. • Épilation (repousse lente). • Soins des peaux grasses (sudation, nettoyer, assainir, gommer…).
Gémeaux	–	• Épilation (repousse lente). • Soins des peaux grasses (sudation nettoyer, assainir, gommer…).
Cancer	• Laissez vos cheveux, ongles et poils tranquilles.	• Laissez vos cheveux, ongles et poils tranquilles. • Soins dentaires. • Soins des peaux grasses (sudation nettoyer, assainir, gommer…).
Lion	• Coupe des cheveux (repousse plus rapide avec vigueur et santé). • Coloration des cheveux (les couleurs tiennent mieux). • Soins aux cheveux gras (masque, après-shampoing…).	• Coupe des cheveux (repousse lente, épais, forts et fourchent moins). • Permanente. • Soins aux cheveux secs et mixtes (masque). • Soins des ongles (pour les épaissir et repousse lente). • Commencer un jeûne plus long, un régime, en pensant à boire beaucoup. • Épilation (repousse lente). • Soins des peaux grasses (sudation, nettoyer, assainir, gommer…) ; massage relaxant.
Vierge	• Coupe des cheveux (repousse plus rapide avec vigueur et santé). • Coloration des cheveux (les couleurs tiennent mieux). • Soins aux cheveux gras (masque, après-shampoing…).	• Coupe des cheveux (repousse lente, épais, forts et fourchent moins). • Masque aux cheveux secs et mixtes. • Permanente (abîme moins les cheveux). • Massage relaxant. • Soins dentaires. • Soins des ongles (pour les épaissir et repousse lente). • Épilation (repousse lente). • Détox en pensant à boire beaucoup (élimination des toxines par les plantes sur idéalement 3 semaines). • Soins des peaux grasses (sudation, nettoyer, assainir, gommer…).

Zodiaque	Lune croissante	Lune décroissante
Balance	-	◆ Épilation (repousse lente). ◆ Soins des peaux grasses (sudation, nettoyer, assainir, gommer…). ◆ Détox en pensant à boire beaucoup (élimination des toxines par les plantes sur idéalement 3 semaines).
Scorpion	◆ Laissez vos cheveux, ongles et poils tranquilles.	◆ Laissez vos cheveux, ongles et poils tranquilles. ◆ Soins dentaires. ◆ Soins des peaux grasses (sudation, nettoyer, assainir, gommer…).
Sagittaire	◆ Soins aux cheveux gras (masque, après-shampoing…). ◆ Massage énergétique et tonifiant.	◆ Soins des ongles (pour les renforcer et repousse lente). ◆ Permanente (abîme moins les cheveux). ◆ Commencer un jeûne long, un régime, en pensant à boire beaucoup. ◆ Épilation (repousse lente). ◆ Soins des peaux grasses (sudation, nettoyer, assainir, gommer…).
Capricorne	◆ Coupe des cheveux (repousse plus rapide avec vigueur et santé). ◆ Coloration (les couleurs tiennent mieux). ◆ Soins aux cheveux gras (masque, après-shampoing…). ◆ Massage énergétique et tonifiant. ◆ Soins des ongles pour les renforcer (attention, dans ce cas, pousse rapide).	◆ Coupe des cheveux (repousse plus lente, épais, forts et fourchent moins). ◆ Soins aux cheveux secs et mixtes (masque). ◆ Permanente (abîme moins les cheveux). ◆ Soins dentaires. ◆ Soins des ongles pour les épaissir (repousse lente). ◆ Épilation (repousse lente). ◆ Soins des peaux grasses (sudation, nettoyer, assainir, gommer…). ◆ Commencer un jeûne long, un régime, en pensant à boire beaucoup.
Verseau	-	◆ Épilation (repousse lente). ◆ Soins des peaux grasses (sudation, nettoyer, assainir, gommer…).
Poissons	◆ Laissez vos cheveux, ongles et poils tranquilles.	◆ Laissez vos cheveux, ongles et poils tranquilles. ◆ Soins dentaires. ◆ Soin des peaux grasses (sudation, nettoyer, assainir, gommer…).

Les alliés santé beauté & bien-être

Soins aux cheveux

Les shampoings, après-shampoings, soins capillaires (masques) doivent être les plus sains possibles. De nombreux produits industriels contiennent des éléments nocifs (sulfates, alcools...) pour le cuir chevelu et les cheveux, surtout après de nombreuses applications.

Voici vos alliés pour les soins des cheveux :

• *Soins des cheveux ternes, secs, abîmés, cassants*

Aloe vera • Avocat • Huile d'argan • Huile de coco • Huile d'olive • Miel • Jaune d'œuf • Poudre d'ortie • Vinaigre de cidre.

• *Soins des cheveux gras*

Aloe vera • Argile verte • Bicarbonate de soude • Citron • Huile de jojoba • Miel • Jaune d'œuf • Poudre d'ortie • Vinaigre de cidre.

• *Soins des cheveux permanentés*

Aloe vera • Huile de coco • Miel • Vinaigre de cidre • Yaourt.

• *Soins des cheveux colorés*

Huile de coco • Huile de jojoba • Huile d'olive • Huile de pépins de raisin • Huile de sapote • Thym • Vinaigre.

Les gestes simples pour de beaux cheveux

- *Ne pas utiliser d'eau trop chaude lorsque vous les lavez.*
- *Sécher ses cheveux naturellement, ou alors avec un séchoir pas trop chaud.*
- *Éviter les décolorations ou les colorations trop répétées.*
- *Ne pas les attacher trop serré.*
- *Ne pas utiliser de laque et de gel.*
- *Avoir une alimentation saine et équilibrée.*

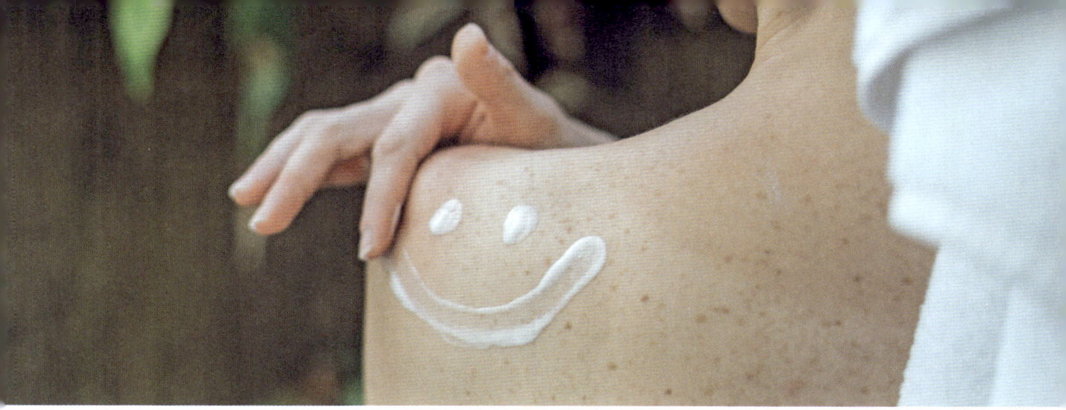

Soins de la peau

Privilégiez des soins contenant des ingrédients naturels, des produits sains, et évitez les produits industriels riches en parabènes et alcools.

Ayez également une alimentation équilibrée, pas trop riche en graisses saturées, sucre, sel, gluten, produits laitiers, alcool, etc.

Voici vos alliés pour les soins de la peau :

Soins des peaux grasses

Argile verte • Banane • Jus de citron • Huile de jojoba • Huile de nigelle • Huile de noisette • Miel • Papaye • Savon noir.

Soins des peaux sèches et mixtes

Aloe vera • Argile blanche • Huile d'amande douce • Huile d'argan • Huile de bourrache • Huile de coco • Huile de jojoba • Huile de karité (pour les pieds) • Miel • Savon noir • Yaourt.

Soins après l'épilation

Aloe vera • Beurre de karité • Huile d'amande douce • Huile d'argan • Huile de calendula • Huile de camomille • Huile de jojoba • Huile de millepertuis.

Massages

Huile de noyau d'abricot • Huile d'amande douce • Huile d'argan • Huile d'avocat.

Soins des ongles

Ail • Bicarbonate de soude • Citron • Huile d'amande douce • Huile d'olive • Huile de ricin • Vinaigre blanc.

Soins des dents

Argile blanche • Bicarbonate de soude • Charbon végétal • Clou de girofle • Huile de coco.

Cures, jeûnes, détox

Ail • Ananas • Artichaut • Avocat • Bardane • Betterave • Bouleau • Bourrache • Brocoli • Charbon végétal • Chou • Chou-fleur • Citron • Mauve crépue • Ortie • Orthosiphon • Persil • Pissenlit • Poireau • Pomme • Raisin • Radis noir • Reine-des-prés • Riz • Spiruline • Thé vert.

Les gestes simples pour une belle peau

- *Ne pas se laver avec une eau trop chaude.*
- *Ne pas se frotter ou exfolier trop la peau.*
- *Ne pas fumer.*
- *Boire beaucoup d'eau.*
- *Dormir suffisamment.*
- *Avoir une alimentation saine et équilibrée.*

Les huiles végétales

Riches en antioxydants, en omégas 3 et 6, ainsi qu'en vitamines, les huiles végétales protègent, nourrissent et luttent contre le vieillissement de la peau.

Pour savoir si une huile convient à votre peau, rien de plus simple : elle ne doit pas être « bue » trop vite par votre peau ni laisser un film gras à sa surface. Faites le test ! Versez quelques gouttes d'huile dans vos mains, massez-les et observez le résultat.

Vous pouvez mélanger les huiles entre elles : à vous de faire votre préparation maison. Toutes les huiles citées ci-dessous se conservent très bien, sans s'oxyder.

Huiles	Utilisations	Bienfaits
Amande douce	*Peaux sèches à normales, sensibles et fragiles * Épilation * Cheveux secs, cassants, fourchus, chute de cheveux * Ongles*	*Adoucissante, assouplissante, émolliente, anti-inflammatoire, apaisante, cicatrisante, fortifiante, nourrissante, hydratante, tonifiante et protectrice.*
Argan	*Toutes peaux * Épilation * Cheveux ternes, secs et très secs, cassants fourchus * Ongles*	*Antioxydante, anti-inflammatoire, antidessèchement, antivieillissement, assouplissante, cicatrisante, nourrissante, hydratante, réparatrice, raffermissante et protectrice, non comédogène, revitalisante pour les cheveux.*
Avocat	*Peaux sèches, fragiles et dévitalisées * Ongles * Cheveux ternes, secs, fourchus et cassants*	*Antioxydante, assouplissante, hydratante, nourrissante, protectrice, régénératrice, restructurante et antiride, redonne éclat et élasticité à votre peau, non comédogène, stimule la pousse des cheveux.*
Bourrache	*Peaux sèches, déshydratées et délicates, dermatoses * Cheveux fragiles, matures avec chute de cheveux*	*Apaisante, assouplissante, hydratante, raffermissante, revitalisante, régénérante, réparatrice, antiride, antivergetures et anti-inflammatoire.*
Calendula	*Peaux sèches, sensibles * Épilation*	*Anti-inflammatoire, adoucissante, apaisante, assouplissante, cicatrisante, nourrissante et régénérante, réduit les coups de soleil.*

Huiles	Utilisations	Bienfaits
Coco	*Peaux sèches et sensibles * Cheveux secs et cassants, fourchus, colorés et permanentés, frisés * Ongles * Dents*	*Antiseptique, apaisante, calmante, assouplissante, hydratante, nourrissante, protectrice, réparatrice.*
Germe de blé	*Peaux matures et sèches*	*Traitement des dermatoses des peaux sèches (gerçures, crevasses…), anti-âge, nourrissante, protectrice, régénérante.*
Jojoba	*Toutes les peaux * Épilation * Ongles * Tous types de cheveux, permanentés*	*Antivieillissement, assouplissante, adoucissante, apaisante, curative, circulatoire, hydratante, nourrissante, régénérante, régulatrice, rééquilibrante, protectrice et séborégulatrice. C'est l'huile de référence pour les peaux grasses et acnéiques, car non comédogène.*
Karité (beurre)	*Peaux sèches, déshydratées * Lèvres * Cheveux fourchus, cassants, crépus, permanentés, décolorés*	*Antioxydant, antiride, adoucissant, assouplissant, apaisant, hydratant, nourrissant, régénérant, régulateur, protecteur et élasticité de la peau, non comédogène.*
Macadamia	*Peaux agressées, sensibles à normales * Cheveux asséchés par la mer, le soleil ou la décoloration*	*Antimicrobienne, apaisante, assouplissante, cicatrisante, hydratante, nourrissante, réparatrice, régénérante, protège la peau des agressions extérieures.*
Monoï	*Peaux sèches qui tiraillent * Cheveux permanentés, crépus, cassants et fourchus*	*Adoucissante, assouplissante, apaisante, hydratante, nourrissante, protectrice, prévient le dessèchement de la peau et facilite le bronzage.*
Nigelle	*Peaux grasses, sèches, sensibles et acnéiques * Cheveux gras, secs et cassants * Cuir chevelu abîmé ou irrité*	*Antioxydante, anti-inflammatoire, assainissante, apaisante, adoucissante et assouplissante, purifiante, régénérante, fortifiante, contre l'acné, stimule le système immunitaire, ralenti la chute des cheveux.*
Noisette	*Peaux matures, grasses, sensibles et à problèmes * Massages * Cheveux secs et frisés*	*Adoucissante, hydratante, nourrissante, réparatrice, protectrice, régénérante, cicatrisante, astringente, séborégulatrice, non comédogène, booste la production de collagène.*

Huiles	Utilisations	Bienfaits
Noix de cajou, ou anacarde	*Peaux matures, sèches et abîmées * Massages*	*Anti-âge, nourrissante, émolliente, favorise l'élasticité, après exposition au soleil.*
Noyau d'abricot	*Peaux fatiguées, teints ternes*	*Anti-âge, assouplissante, illuminatrice, antioxydante, émolliente, nourrissante, hydratante, régénérante, revitalisante, tonifiante. Idéale pour un massage, elle facilite également le bronzage.*
Olive	*Tous types de peaux, mais particulièrement peaux sèches et irritées * Cheveux secs, cassants et permanentés * Ongles*	*Adoucissante, calmante, nourrissante, cicatrisante, régulatrice, antivieillissement, émolliente, protège contre les agressions du froid.*
Pépins de raisin	*Peaux mixtes * Cheveux fins, secs, cassants, permanentés*	*Anti-âge, antiride, désincrustante, nourrissante, hydratante, pénétrante, régénératrice, séborégulatrice, émolliente, éclat et vigueur des cheveux.*
Ricin	*Peaux acnéiques, abîmées et à problèmes * Cheveux très abîmés, secs, cassants, dévitalisés * Ongles * massages*	*Anti-inflammatoire, antiride (stimule la production de collagène), désinfectante, hydratante, nourrissante, calmante, fortifiante, atténue les cicatrices et les vergetures, renforce le système immunitaire, laxative ; favorise la croissance des cheveux (qui seront plus denses et épais) et des ongles (épais) ; fonce naturellement les cheveux.*
Rose musquée	*Peaux matures, sèches, abîmées et irritées * Cheveux secs*	*Anti-âge et antiride par excellence, éclaircissante, cicatrisante, assouplissante, nourrissante, réparatrice, régénérante et circulatoire, assez comédogène.*
Sésame	*Peaux sèches*	*Adoucissante, assouplissante, apaisante, régénérante, lutte contre la déshydratation et le vieillissement de la peau.*

Les huiles essentielles (HE)

Bois de santal	*Régénère et revitalise les peaux sèches.*
Calendula	*Pour peaux déshydratées.*
Camomille romaine	*Pour peaux déshydratées et peaux sensibles.*
Clou de girofle	*Santé des gencives.*
Eucalyptus citronné	*Antibactérien et anti-inflammatoire pour peaux sèches, massages.*
Géranium bourbon	*Tonique, astringent, assainissant, raffermissant pour peaux acnéiques, grasses, sèches et matures, pour cheveux gras et pellicules.*
Géranium rosat	*Antibactérien, astringent, régénérant, cicatrisant, lutte contre les rides, décontractant, massages.*
Lavande	*Antiseptique, apaisante, astringente, purifiante, cicatrisante pour tous types de peaux, cheveux secs, fourchus.*
Menthe verte	*Fraîcheur pour la bouche.*
Menthe poivrée	*Apaisante, stimulante pour tous types de cheveux secs.*
Myrrhe	*Hydratation des peaux sèches, aide à prévenir la dégénérescence des tissus.*
Rose de Damas	*Cicatrisante, tonifiante, astringente, raffermissante, régénérante, élasticité de la peau, lutte contre les rides, peaux déshydratées, massage.*
Tea tree	*Antiseptique pour les dents, pour tous types de peaux et cheveux.*
Ylang-ylang	*Apaisante, cicatrisante et tonique ; aide à embellir la peau et les cheveux (brillance et vitalité), régule la production de sébum, peaux sensibles.*

◆ ***HE pour peaux sèches***

Carotte • Eucalyptus citronné • Géranium bourbon • Lavande fine • Myrrhe • Rose de Damas • Santal • Tea tree.

◆ ***HE pour peaux mixtes à grasses***

Citron • Géranium bourbon • Lavande • Tea tree.

◆ ***HE pour peaux déshydratées***

Camomille • Rose de Damas.

◆ ***HE pour peaux sensibles :***

Camomille romaine • Ylang-ylang.

◆ ***HE pour cheveux secs et abîmés***

Géranium bourbon • Lavande fine • Romarin • sauge • Ylang-ylang.

◆ ***HE pour cheveux gras***

Citron • Géranium bourbon • Géranium odorant • lavande • Pamplemousse • Romarin • Santal • Tea tree.

Mise en garde
pour l'utilisation des huiles essentielles

Les personnes prenant un traitement, souffrant de pathologies comme l'asthme, l'hypertension, l'épilepsie..., de pathologies chroniques, ou encore les enfants, les personnes âgées et les femmes enceintes doivent demander l'avis de leur médecin ou d'un professionnel de santé avant d'utiliser les huiles essentielles.

Les personnes allergiques doivent impérativement tester l'huile essentielle avant utilisation.

Il faudra bien respecter les posologies et contre-indications spécifiques à chaque huile essentielle et les conserver hors de la portée des enfants.

N'utilisez que des huiles essentielles pures et biologiques.

Et d'autres alliés !

L'ail

Riche en vitamine E et en minéraux, l'ail stimule la circulation sanguine, et de ce fait, la croissance des ongles (il les durcit afin d'éviter qu'ils cassent) et des cheveux (freine leur chute).

Antimicrobien, antibactérien, antiseptique, antibiotique, antifongique et antiviral, l'ail est vraiment parfait pour traiter les problèmes de peaux tels que mycoses et verrues. Attention toutefois de ne pas provoquer des brûlures. L'ail est également conseillé pour la détox du foie, car il contient du sélénium et de l'allicine.

L'aloe vera

L'aloe vera est une plante formidable, riche en vitamines A, B6 et B9, qui favorise la circulation sanguine du cuir chevelu et aide à faire pousser les cheveux. Elle hydrate, nourrit et répare les cheveux. Elle apaise, purifie, tonifie, hydrate, adoucit, réduit les cernes et les poches du contour des yeux... C'est une solution anti-âge à elle toute seule.

Les argiles verte et blanche

Antiseptiques, calmantes, cicatrisantes, minéralisantes, purifiantes, elles aident à se débarrasser des toxines.

L'argile verte est la plus absorbante des argiles. Elle nettoie, purifie et cicatrise les peaux grasses, l'acné et toutes les imperfections grâce à son action séborégulatrice. Elle convient également pour les cheveux gras.

L'argile blanche a une forte teneur en silice et des minéraux essentiels pour la peau (notamment sèche, fragile et sensible), les cheveux et les dents. Elle est adoucissante, cicatrisante et purifiante.

Le bicarbonate de soude

Il est parfait pour blanchir les dents, et en neutralisant les acides, il permet de combattre la plaque dentaire et de rafraîchir l'haleine. Parfait pour blanchir et renforcer les ongles, il permet également de

rééquilibrer le pH de la peau et a des vertus antiseptiques et anti-inflammatoires. Éclaircissant pour la peau, c'est un excellent exfoliant naturel. Veillez bien à acheter du bicarbonate de soude alimentaire.

◆ *Le citron*

C'est un fruit riche en acide citrique et en vitamine C, qui lui confère des vertus antiseptiques et antitaches. Idéal pour peaux grasses et les rides, il a également des propriétés éclaircissantes et astringentes.

Récolter l'ortie

Différentes façons d'utiliser l'ortie s'offrent à vous. Vous pouvez faire des infusions, des tisanes, la manger crue ou cuite, ou encore avaler des gélules : il y en a pour tous les goûts !
Si vous ramassez les feuilles, prenez-les sur un terrain non pollué, un matin de mai à juillet, en lune montante, en jours feuilles (Cancer, Scorpion et Poissons) ou un jour de pleine lune si possible.
Vous pouvez les faire sécher pour les utiliser également pendant l'hiver.

◆ *Le miel*

Adoucissant, assouplissant, nourrissant, hydratant, antibactérien, cicatrisant et purifiant pour la peau. Le miel de thym est très apprécié pour les peaux acnéiques.

◆ *L'ortie*

L'ortie est un super aliment que l'on peut utiliser sous différentes formes. Elle est riche en protéines (18 acides aminés essentiels sur les 20 qui composent les protéines), en vitamines (A, B1, B2, C, E, D, K) et en minéraux (fer, calcium, phosphore, bore, potassium, magnésium, zinc, sélénium).

Antioxydante et diurétique, elle boostera vos défenses immunitaires. Régénérante pour la peau, les cheveux (lutte contre leur chute) et les ongles, elle lutte également contre l'acné.

Faites une cure dépurative sous forme de tisane, en lune décroissante. Votre corps éliminera plus naturellement les toxines. Profitez de la lune croissante pour faire une cure tonifiante afin de lutter contre la fatigue. Attention, l'ortie est contre-indiquée pour les femmes enceintes, qui allaitent, et les enfants de moins de 12 ans.

◆ *Le raisin*

Le raisin est riche en magnésium, potassium, calcium, fer, zinc, en antioxydants, oligoéléments, vitamines A et B. Il est diurétique et permet de purifier et de détoxifier le foie et les intestins, tout en stimulant le système immunitaire. Une cure de raisin ou une monodiète pendant un à trois jours est bonne pour l'organisme.

◆ *Le savon noir*

C'est un produit complètement naturel qui nettoie la peau en profondeur. Exfoliant, hydratant, antibactérien, antiacnéique, purifiant et régénérant, il s'utilise pour la peau, en gommage doux pour le corps et également pour les cheveux.

Agenda 2023

Comment utiliser *l'agenda lunaire ?*

Pensé comme un support polyvalent, cet agenda se veut aussi bien pratique que base d'un journal lunaire. Sont indiqués, par semaine :

- Les différentes phases lunaires
- Les périodes de lune montante
- Les périodes de lune descendante
- Les temps de lune croissante
- Les temps de lune décroissante
- Les constellations zodiacales
- Les nœuds lunaires
- Les apogées et les périgées

Au fil des semaines, chaque page de gauche décrypte les énergies lunaires en cours et les meilleures périodes pour prendre soin de vous, avec une notation en nombre d'étoiles pour repérer facilement les époques favorabes :

JOUR FAVORABLE/DÉFAVORABLE

★★★ Journée extrêmement favorable

★★ Journée très favorable

★ Journée favorable

✖ Journée défavorable

Chaque page de droite vous permet de noter vos rendez-vous, vos humeurs, vos cycles, et dispense rituels, recettes, préparations, méthodes et conseils concrets.

Légendes
des pictogrammes

PHASES LUNAIRES

Nouvelle lune

Premier quartier

Pleine lune

Dernier quartier

CYCLES LUNAIRES

Lune croissante

Lune décroissante

Lune montante

Lune descendante

NŒUDS LUNAIRES

Nœud lunaire descendant

Nœud lunaire ascendant

SIGNES DU ZODIAQUE

Bélier

Taureau

Gémeaux

Cancer

Lion

Vierge

Balance

Scorpion

Sagittaire

Capricorne

Verseau

Poissons

Calendrier 2023

Janvier			Février			Mars			Avril			Mai			Juin		
1	D		1	M		1	M		1	S		1	L		1	J	
2	L		2	J		2	J		2	D		2	M		2	V	
3	M		3	V		3	V		3	L		3	M		3	S	
4	M		4	S		4	S		4	M		4	J		4	D	🌕
5	J		5	D	🌕	5	D		5	M		5	V	🌕	5	L	
6	V		6	L		6	L		6	J	🌕	6	S		6	M	
7	S	🌕	7	M		7	M	🌕	7	V		7	D		7	M	
8	D		8	M		8	M		8	S		8	L		8	J	
9	L		9	J		9	J		9	D		9	M		9	V	
10	M		10	V		10	V		10	L		10	M		10	S	🌗
11	M		11	S		11	S		11	M		11	J		11	D	
12	J		12	D		12	D		12	M		12	V	🌗	12	L	
13	V		13	L	🌗	13	L		13	J	🌗	13	S		13	M	
14	S		14	M		14	M		14	V		14	D		14	M	
15	D	🌗	15	M		15	M	🌗	15	S		15	L		15	J	
16	L		16	J		16	J		16	D		16	M		16	V	
17	M		17	V		17	V		17	L		17	M		17	S	
18	M		18	S		18	S		18	M		18	J		18	D	🌑
19	J		19	D		19	D		19	M		19	V	🌑	19	L	
20	V		20	L	🌑	20	L		20	J	🌑	20	S		20	M	
21	S	🌑	21	M		21	M	🌑	21	V		21	D		21	M	
22	D		22	M		22	M		22	S		22	L		22	J	
23	L		23	J		23	J		23	D		23	M		23	V	
24	M		24	V		24	V		24	L		24	M		24	S	
25	M		25	S		25	S		25	M		25	J		25	D	
26	J		26	D		26	D		26	M		26	V		26	L	🌓
27	V		27	L	🌓	27	L		27	J	🌓	27	S	🌓	27	M	
28	S	🌓	28	M		28	M		28	V		28	D		28	M	
29	D					29	M	🌓	29	S		29	L		29	J	
30	L					30	J		30	D		30	M		30	V	
31	M					31	V					31	M				

🌑 Nouvelle lune

🌕 Pleine lune

🌓 Premier quartier

🌗 Dernier quartier

Juillet			Août			Septembre			Octobre			Novembre			Décembre		
1	S		1	M	🌕	1	V		1	D		1	M		1	V	
2	D		2	M		2	S		2	L		2	J		2	S	
3	L	🌕	3	J		3	D		3	M		3	V		3	D	
4	M		4	V		4	L		4	M		4	S		4	L	
5	M		5	S		5	M		5	J		5	D	🌗	5	M	🌗
6	J		6	D		6	M		6	V	🌗	6	L		6	M	
7	V		7	L		7	J	🌗	7	S		7	M		7	J	
8	S		8	M	🌗	8	V		8	D		8	M		8	V	
9	D		9	M		9	S		9	L		9	J		9	S	
10	L	🌗	10	J		10	D		10	M		10	V		10	D	
11	M		11	V		11	L		11	M		11	S		11	L	
12	M		12	S		12	M		12	J		12	D		12	M	
13	J		13	D		13	M		13	V		13	L	🌑	13	M	🌑
14	V		14	L		14	J		14	S	🌑	14	M		14	J	
15	S		15	M		15	V	🌑	15	D		15	M		15	V	
16	D		16	M	🌑	16	S		16	L		16	J		16	S	
17	L	🌑	17	J		17	D		17	M		17	V		17	D	
18	M		18	V		18	L		18	M		18	S		18	L	
19	M		19	S		19	M		19	J		19	D		19	M	🌓
20	J		20	D		20	M		20	V		20	L	🌓	20	M	
21	V		21	L		21	J		21	S		21	M		21	J	
22	S		22	M		22	V	🌓	22	D	🌓	22	M		22	V	
23	D		23	M		23	S		23	L		23	J		23	S	
24	L		24	J	🌓	24	D		24	M		24	V		24	D	
25	M		25	V		25	L		25	M		25	S		25	L	
26	M	🌓	26	S		26	M		26	J		26	D		26	M	
27	J		27	D		27	M		27	V		27	L	🌕	27	M	🌕
28	V		28	L		28	J		28	S	🌕	28	M		28	J	
29	S		29	M		29	V	🌕	29	D		29	M		29	V	
30	D		30	M		30	S		30	L		30	J		30	S	
31	L		31	J	🌕				31	M					31	D	

DÉCEMBRE

Semaine **52**

lune croissante

lune montante

lundi 26

★★★ Couper vos cheveux (pousse rapide).
★★★ Soins des cheveux gras. Coloration.
★★★ Soins des ongles pour les renforcer (pousse rapide).
★★★ Massage énergétique et tonifiant.

mardi 27

02 h 02

★★ Couper vos cheveux afin que la repousse soit plus rapide.
★★ Appliquer un soin (masque, après-shampoing…) aux cheveux gras.
★★ Coloration des cheveux.
★★ Soins des peaux sèches et mixtes (nourrir, raffermir, hydrater).
★★ Massage énergétique et tonifiant.

mercredi 28

Cure tonifiante, compléments alimentaires (phytothérapie) à faire sur une semaine.

jeudi 29

07 h 44

✖ Oubliez vos cheveux, poils et ongles.
★★ Soins des peaux sèches et mixtes (nourrir, raffermir, hydrater)
★★ Massage énergétique et tonifiant.

vendredi 30

02 h 20

L'énergie remonte : élaborez et créez vos rêves !

Notes

samedi 31

dimanche 1er

18 h 48

16 h 24

★★★ Couper vos cheveux (repousse rapide).
★★★ Soins aux cheveux gras. Coloration.
★★★ Massage énergétique et tonifiant.

Nœud lunaire **Dimanche après 10 h 24, laissez vos cheveux, ongles et poils tranquilles !**

Mes meilleurs vœux pour cette année qui commence !

“ *Les rêves des 12 nuits Saintes (du 25/12 au 5/1) révèleront les présages pour les 12 mois à venir.*

DÉCEMBRE

Semaine **52**

lundi 26
St Étienne

mardi 27
St Jean

mercredi 28
Sts Innocents

jeudi 29
St David

vendredi 30
St Roger

samedi 31
St Sylvestre

dimanche 1er
JOUR DE L'AN

Dédicace de l'auteure

Meilleurs vœux !

Je tenais à vous remercier de m'avoir à nouveau fait confiance pour cette année 2023 que nous allons passer ensemble jour après jour.
Mon souhait le plus cher est que cet agenda vous permette d'apprivoiser les pouvoirs magiques de la lune pour en bénéficier pleinement.
Je suis certaine que vous apprendrez, progresserez et prendrez confiance en vous.
Je vous transmets tous mes vœux pour l'année 2023, et j'espère que vous prendrez soin de vous au quotidien, en phase avec la lune.

Lumineusement vôtre.

Diane
calendrier-lunaire.info

JANVIER

Semaine **1**

lundi 2 — lune croissante — lune montante

★★★ Couper vos cheveux (repousse rapide).
★★★ Soins aux cheveux gras. Coloration.
★★★ Massage énergétique et tonifiant.

mardi 3 — 18 h 31

★★★ Appliquer un soin (masque, après-shampoing...) aux cheveux gras.
★★★ Massage énergétique et tonifiant.
★★ Couper vos cheveux pour une repousse plus rapide.
★★ Coloration des cheveux (les couleurs tiennent mieux).
★★ Soins des peaux sèches et mixtes (nourrir, raffermir, hydrater).

mercredi 4

Notes

jeudi 5 — 16 h 16

★ Coloration.
★ Soins aux cheveux gras.
★ Soins des peaux sèches et mixtes.
★ Massage énergétique et tonifiant.
★★★ Nettoyer et épurer le corps en faisant une petite diète. *(vendredi)*

vendredi 6 — ◀ 04 h 10 — lune descendante

Les énergies créatrices se libèrent pour concrétiser vos rêves !

00 h 08

samedi 7 — lune décroissante

★★★ Faire un jeûne ou une diète. Permanente.
★★ Soins dentaires. Soins aux cheveux secs et mixtes.
★★ Épilation (repousse lente). Soins des peaux grasses.
★★ Massage relaxant ou drainage lymphatique.

dimanche 8 — **Apogée 10 h 19** — 22 h 22

Apogée **Dimanche avant 16 h 19, laissez vos cheveux, ongles et poils tranquilles !**

✖ Oubliez vos cheveux, poils et ongles.
★★★ Faire un jeûne, une diète.
★★ Massage relaxant ou drainage lymphatique.

“ *Le sommeil est la meilleure méditation.*
Dalaï-Lama

JANVIER
Semaine **1**

lundi
2
St Basile

mardi
3
Ste Geneviève

mercredi
4
St Odilon

jeudi
5
St Édouard

vendredi
6
St Balthazar

samedi
7
St Raymond

dimanche
8
Épiphanie

Recette magique

Spray « nuit douce »
pour bien dormir

- *Prenez un pulvérisateur vide et propre dans lequel vous mélangez 100 ml d'hydrolat de fleur d'oranger, 20 gouttes d'extrait de pépins de pamplemousse, 10 gouttes d'huile essentielle de lavande et 10 gouttes d'huile essentielle de mandarine.*
- *Mélangez énergiquement.*
- *Vingt minutes avant d'aller vous coucher, vaporisez quelques gouttes de ce mélange sur votre oreiller.*

Bonne nuit !

JANVIER

Semaine **2**

lundi **9**

mardi **10**

mercredi **11**

jeudi **12**

vendredi **13**

samedi **14**

dimanche **15**

lune décroissante

lune descendante

03 h 10

Voir dimanche 8 janvier, page précédente.

13 h 37

★★★ Couper vos cheveux afin qu'ils repoussent plus lentement, plus épais, plus forts, et qu'ils fourchent moins.
★★★ Faire une permanente.
★★★ Appliquer un soin (masque) aux cheveux secs et mixtes.
★★★ Faire un soin des ongles pour les épaissir (repousse lente).
★★★ Faire un massage relaxant ou un drainage lymphatique (voir Recette beautiful ci-contre).
★★★ Épilation pour une repousse lente.
★★ Soins des peaux grasses (nettoyer, assainir, gommer…).

13 h 19

★★★ Couper vos cheveux afin qu'ils repoussent plus lentement, plus épais, plus forts, et qu'ils fourchent moins.
★★★ Appliquer un masque aux cheveux secs et mixtes.
★★★ Faire une permanente.
★★★ Profiter d'un massage relaxant ou d'un drainage lymphatique.
★★★ Réaliser des soins dentaires.
★★★ Soins des ongles (repousse lente et plus épaisse).
★★★ Épilation (repousse lente).
★★ Soins des peaux grasses (nettoyer, assainir, gommer…).

Faites une cure de légumes verts et de fibres, ainsi que de jus de fruits et de compotes, sans sucre bien sûr !

Notes

> *« Visez toujours la Lune... Même si vous la manquez, vous atterrirez parmi les étoiles.*
> *Les Brown*

JANVIER
Semaine **2**

lundi **9**
Ste Alix

mardi **10**
St Guillaume

mercredi **11**
Ste Pauline

jeudi **12**
Ste Tatiana

vendredi **13**
Ste Yvette

samedi **14**
Ste Nina

dimanche **15**
St Rémi

Recette beautiful

Massage minceur

Après les fêtes de fin d'années et leurs repas copieux, il est temps de se reprendre en main ! Si de petits bourrelets ou de la cellulite sont apparus durant l'hiver, c'est le moment de les faire disparaître.

- *Mélangez 1 cuillère à soupe d'huile végétale de macadamia, 2 gouttes d'huile essentielle de citron et 2 gouttes d'huile essentielle de pamplemousse.*
- *Massez longuement vos cuisses, vos hanches, vos fesses ou votre ventre avec cette préparation.*

Attention à l'utilisation des huiles essentielles (surtout enfant et femme enceinte) : demandez conseil à votre pharmacien si vous n'avez pas l'habitude de les utiliser.

Pas d'exposition au soleil après ce massage, car les huiles essentielles d'agrumes sont photosensibilisantes.

JANVIER

Semaine **3**

lundi **16**

mardi **17**

mercredi **18**

jeudi **19**

vendredi **20**

samedi **21**

dimanche **22**

Nœud lunaire 07 h 32 — lune décroissante — lune descendante — ◀ 06 h 05 — lune montante — 21 h 53 — Périgée 21 h 57 — lune croissante

03 h 54

Nœud lunaire Avant 13 h 32, laissez vos cheveux, ongles et poils tranquilles !

★★★ Soins dentaires.
★★ Couper vos cheveux (repousse lente, épaisse, forts, et fourchent moins). Épilation (repousse lente).
★★ Soins aux cheveux secs et mixtes.
★★ Soins des peaux grasses.
★★ Massage relaxant ou drainage lymphatique.

18 h 06

✖ Oubliez vos cheveux, poils et ongles.
★★★ Soins dentaires.
★★ Soins des peaux grasses (nettoyer, assainir, gommer…).
★★ Massage relaxant ou drainage lymphatique.

14 h 53

★★★ Soins des peaux grasses. *(jeudi)*
★★ Épilation (repousse lente). *(jeudi)*
★★ Permanente (abîme moins les cheveux). *(jeudi)*
★★ Soins des ongles pour les renforcer (repousse lente).
★ Couper vos cheveux afin qu'ils repoussent plus lentement, plus épais, plus forts, et qu'ils fourchent moins. *(jeudi)*
★ Appliquer un soin aux cheveux secs et mixtes. *(jeudi)*
★ Massage relaxant ou drainage lymphatique.
★★★ Jeûne, diète : la nouvelle lune qui arrive vous donnera un coup de pouce. *(vendredi et samedi)*

17 h 52

La nouvelle lune est la période idéale pour nettoyer et purifier votre peau en profondeur (voir recette ci-contre).

Périgée Samedi après 15 h 57, laissez vos cheveux, ongles et poils tranquilles !

★★★ Jeûne, diète (penser à boire beaucoup).
★★★ Appliquer un soin aux cheveux gras.
★★★ Soins des ongles pour les renforcer (repousse rapide).

“ *Il ne faut jamais pleurer d'avoir perdu la Lune, car les larmes t'empêcheront de voir les étoiles*
Sagesse bouddhiste

lundi
16
St Marcel

mardi
17
Ste Roseline

mercredi
18
Ste Prisca

jeudi
19
St Marius

vendredi
20
St Sébastien

samedi
21
Ste Agnès

dimanche
22
St Vincent

Recette beautiful

Soins de la peau
au marc de café

Gommage du visage

- *Mélangez 1 cuillère à café bombée de marc de café avec 1 cuillère à soupe rase de miel et une autre d'huile végétale (abricot...).*
- *Massez votre visage de façon circulaire, puis rincez à l'eau tiède.*

Vous aurez éliminé les cellules mortes, oxygéné la peau, activé la microcirculation sanguine et ravivé l'éclat de votre teint.

Gommage du corps

Faites une exfoliation par mouvement circulaire en mélangeant une dose de marc de café à votre gel douche (insistez aux coudes, genoux, talons).

Décongestionner le contour des yeux et atténuer les cernes

- *Mélangez 1 cuillère à café de marc de café à une demi-cuillère à café de miel et un blanc d'œuf.*
- *Laissez poser ce masque 5 minutes et rincez délicatement.*

JANVIER
Semaine **4**

lundi 23 — lune croissante — lune montante

★★★ Appliquer un soin aux cheveux gras.
★★★ Massage énergétique et tonifiant.
★★★ Soins des ongles pour les renforcer (repousse rapide).

12 h 22

★★ Nourrir, raffermir, hydrater les peaux sèches et mixtes.
★★ Massage énergétique et tonifiant.

mardi 24

mercredi 25

★★ Couper vos cheveux (repousse plus rapide).
★★ Coloration des cheveux (les couleurs tiennent mieux).
★★ Appliquer un soin aux cheveux gras.

jeudi 26

16 h 16

× Oubliez vos cheveux, poils et ongles.
★★ Soins des peaux sèches et mixtes (nourrir, raffermir, hydrater).
★★ Faire un massage énergétique et tonifiant.

Pas d'excès alimentaire durant toute la lune croissante !
(voir Recette beautiful ci-contre)

vendredi 27

Notes

samedi 28

16 h 19

17 h 04

00 h 18

Nœud lunaire Samedi après 11 h 04, laissez vos cheveux, ongles et poils tranquilles !

★★★ Couper vos cheveux (repousse rapide, avec plus de vigueur et de santé).
★★★ Coloration des cheveux (les couleurs tiennent mieux).
★★★ Appliquer un soin aux cheveux gras.
★★★ Massage énergétique et tonifiant.

dimanche 29

“ *Tu trouveras la vie vraiment belle lorsque tu apprendras à saluer au lieu d'ignorer, à parler au lieu de crier, à sourire au lieu d'être triste et à aimer au lieu de détester.*

lundi
23
St Barnard

mardi
24
St François de Sales

mercredi
25
Conv. de St Paul

jeudi
26
Ste Paule

vendredi
27
Ste Angèle

samedi
28
S^t^ Th. d'Aquin

dimanche
29
St Gildas

Recette beautiful

Rebooster son énergie

Durant l'hiver, il est bon de faire une cure de fruits et de jus revitalisants et/ou antioxydants. Outre les agrumes, les fruits exotiques vont permettre de rebooster votre corps et vos énergies.
Mangez ananas, mangues, fruits de la passion, grenades, litchis, kumquats, papayes, etc., riches en vitamine C, fibres et antioxydants. Certains vont faciliter le transit et la digestion, d'autres vont lutter contre le vieillissement ou soutenir votre système immunitaire.
La lune croissante va quant à elle permettre de mieux assimiler les vitamines, les minéraux et les nutriments.

Smoothie Pleine forme

- *Pelez et coupez en morceaux 1 betterave, 1 grenade (laissez la partie blanche), 4 oranges, 1 petit morceau de gingembre et 1 petit morceau de curcuma frais.*
- *Mixez et dégustez.*

FÉVRIER
Semaine **5**

lundi 30

lune croissante — lune montante

00 h 31

★★★ Appliquer un soin (masque, après-shampoing...) aux cheveux gras.
★★★ Faire un massage énergétique et tonifiant.
★★ Couper vos cheveux pour une repousse plus rapide.
★★ Coloration des cheveux (les couleurs tiennent mieux).
★★ Soins des peaux sèches et mixtes : nourrir, raffermir, hydrater (voir Recette beautiful ci-contre).

mardi 31

Notes

mercredi 1er

◄ 09 h 17

22 h 13

★ Coloration des cheveux (les couleurs tiennent mieux).
★ Appliquer un soin (masque, après-shampoing...) aux cheveux gras.
★ Nourrir, raffermir, hydrater les peaux sèches et mixtes.
★ Massage énergétique et tonifiant.

jeudi 2

lune descendante

vendredi 3

samedi 4

Apogée
09 h 55

04 h 30

Apogée Samedi après 15 h 55, laissez vos cheveux, ongles et poils tranquilles !

✖ Oubliez vos cheveux, poils et ongles.
★★★ Nettoye le corps en faisant une diète ou un jeûne.
★ Massage énergétique et tonifiant.

dimanche 5

19 h 28

19 h 45

Faites le ménage de tout ce qui peut être préjudiciable pour vous (dépendance, embonpoint, énergie négative...) et recentrez-vous (méditation, relaxation...).

“ *Prendre soin de moi ne signifie pas « moi d'abord », mais « moi aussi ».*

FÉVRIER
Semaine **5**

lundi
30
Ste Martine

mardi
31
Ste Marcelle

mercredi
1er
Ste Ella

jeudi
2
Présentation

vendredi
3
St Blaise

samedi
4
Ste Véronique

dimanche
5
Ste Agathe

Recette beautiful

Soin à l'avocat
Spécial pieds secs

L'hiver, les pieds sont malmenés, enfermés dans les chaussures ou les bottes. Ils ont donc également besoin de soins, surtout si la peau devient sèche.

- *Vous aimez les avocats ? Alors ne jetez plus leur peau ! En effet, il vous suffit de frotter vos pieds avec l'intérieur de la peau de l'avocat afin de bénéficier de tous ses bienfaits.*
- *Enveloppez ensuite vos pieds dans un film cellophane pendant 20 minutes, puis essuyez-les délicatement.*
- *Inutile de rincer, vos pieds seront tout doux.*
- *Si vous faites ce soin le soir, terminez par un massage des pieds avec une huile de macadamia, de rose musquée ou de l'huile d'olive.*

FÉVRIER
Semaine **6**

lundi **6**

mardi **7**

mercredi **8**

jeudi **9**

vendredi **10**

samedi **11**

dimanche **12**

lune décroissante

lune descendante

★★★ Diète ou jeûne, en pensant à boire beaucoup. *(lundi)*
★★★ Couper vos cheveux afin qu'ils repoussent plus lentement, plus épais, plus forts, et qu'ils fourchent moins.
★★★ Faire une permanente.
★★★ Appliquer un masque aux cheveux secs et mixtes (voir Recette beautiful ci-contre).
★★★ Soins des ongles pour les épaissir (repousse lente).
★★★ Faire un massage relaxant ou un drainage lymphatique.
★★★ Épilation (repousse lente).
★★ Soins des peaux grasses (nettoyer, assainir, gommer…).

19 h 20

★★★ Couper vos cheveux afin qu'ils repoussent plus lentement, plus épais, plus forts, et qu'ils fourchent moins.
★★★ Appliquer un masque aux cheveux secs et mixtes.
★★★ Faire une permanente.
★★★ Faire un massage relaxant ou un drainage lymphatique.
★★★ Réaliser des soins dentaires.
★★★ Soins des ongles (repousse lente et plus épaisse).
★★ Soins des peaux grasses (nettoyer, assainir, gommer…).
★★ Épilation (repousse lente).

Notes

☊ 08 h 32

10 h 52

Nœud lunaire **Dimanche avant 14 h 32, laissez vos cheveux, ongles et poils tranquilles !**

★★ Couper vos cheveux. Épilation (repousse lente).
★★ Soins aux cheveux secs et mixtes.
★★ Soins des peaux grasses.

“ *En faisant scintiller notre lumière, nous offrons aux autres la possibilité d'en faire autant.*
Nelson Mandela

FÉVRIER
Semaine **6**

lundi
6
St Gaston

mardi
7
Ste Eugénie

mercredi
8
Ste Jacqueline

jeudi
9
Ste Apolline

vendredi
10
St Arnaud

samedi
11
N.-D. de Lourdes

dimanche
12
St Félix

Recette beautiful

Masque réparateur

Pour cheveux ternes, secs & abîmés

- Mixez 1 avocat, 1 jaune d'œuf, 2 cuillères à soupe de miel et quelques cuillères à soupe d'huile d'olive, d'argan ou de coco (suivant la longueur et l'épaisseur de vos cheveux).
- Appliquez ce mélange sur cheveux secs et massez bien pour atteindre le cuir chevelu.
- Recouvrez vos cheveux d'une serviette chaude ou d'un film alimentaire et laissez agir 30 minutes.
- Lavez vos cheveux et rincez à l'eau tiède.

Renouvelez l'opération dans la semaine si vos cheveux sont très cassants, car le masque se conserve quelques jours au réfrigérateur.

Les fantastiques propriétés nourrissantes et réparatrices de l'œuf et de l'avocat redonneront brillance et douceur à vos cheveux.

FÉVRIER

Semaine **7**

lundi 13

17 h 01

lune décroissante

lune descendante

★★★ Soins dentaires.
★★ Couper vos cheveux (repousse lente, plus épais, plus forts).
★★ Épilation (repousse lente).
★★ Soins aux cheveux secs et mixtes.
★★ Soins des peaux grasses.
★★ Massage relaxant ou drainage lymphatique.

mardi 14

02 h 11

✖ Oubliez vos cheveux, poils et ongles.
★★★ Soins dentaires.
★★ Soins des peaux grasses (nettoyer, assainir, gommer...).
★★ Faire un massage relaxant ou un drainage lymphatique.

mercredi 15

Laissez aller... Lâchez prise...
Réflexion et introspection.

jeudi 16

◀ 15 h 33

00 h 31

★★★ Faire une permanente pour qu'elle abîme moins les cheveux. *(jeudi)*
★★ Faire un soin des ongles pour les renforcer (repousse lente et plus solide).
★ Couper vos cheveux afin qu'ils repoussent plus lentement, plus épais, plus forts, et qu'ils fourchent moins.
★ Appliquer un soin aux cheveux secs et mixtes.
★ Faire un massage relaxant ou un drainage lymphatique.

vendredi 17

lune montante

samedi 18

04 h 55

★★★ Soins des ongles pour les épaissir (repousse lente).
★★ Éliminer les cors aux pieds.
★ Faire un massage relaxant ou un drainage lymphatique.
★★★ Nettoyer et épurer le corps par un jeûne ou une diète : la nouvelle lune qui arrive vous donnera un coup de pouce, mais pensez à boire beaucoup. *(dimanche)*

dimanche 19

Périgée
10 h 06

23 h 46

Périgée **Dimanche avant 16 h 19, laissez vos cheveux, ongles et poils tranquilles !**

“ *Tout, absolument tout sur cette Terre fait sens,*
et même les plus petites choses méritent votre considération.
Paulo Coelho

lundi
13
Ste Béatrice

mardi
14
St Valentin

mercredi
15
St Claude

jeudi
16
Ste Julienne

vendredi
17
St Alexis

samedi
18
Ste Bernadette

dimanche
19
St Gabin

Alliance magique

Pierres & cristaux

Les bienfaits de la lithothérapie

L'énergie positive et les vibrations que libèrent les pierres permettent d'améliorer la santé, le bien-être et la joie de vivre. Elles se portent dans une poche, en bijoux ou placées dans une pièce de la maison.

- **Le quartz rose :** amour, énergie féminine, lutte contre l'insomnie.
- **La citrine naturelle :** pierre de la prospérité, elle stimule la créativité.
- **L'améthyste :** purifiante, méditative et calmante, lutte contre l'insomnie et l'angoisse.
- **La labradorite :** favorise le rééquilibrage énergétique, apaise.
- **L'ambre :** guérisseuse et purificatrice du corps, de l'esprit et de l'âme.
- **Le jade :** élimine la négativité et aide à trouver l'équilibre.
- **La turquoise :** pierre du voyageur.
- **L'obsidienne :** grande protectrice.

FÉVRIER

Semaine **8**

lundi 20 — 08 h 06 (nouvelle lune) — lune croissante — lune montante

N'oubliez pas de « manifester » vos vœux durant la nouvelle lune (voir Instant magique ci-contre).

★★★ Nettoyer et épurer le corps par un jeûne ou une diète : la nouvelle lune vous donnera un coup de pouce, mais pensez à boire beaucoup.
★★ Soins des peaux sèches et mixtes (nourrir, raffermir, hydrater).
★★ Massage énergétique et tonifiant.

mardi 21

Cure tonifiante, compléments alimentaires (phytothérapie), à faire sur une semaine.

mercredi 22 — 02 h 55

✕ Oubliez vos cheveux, poils et ongles.
★★ Soins des peaux sèches et mixtes (nourrir, raffermir, hydrater).
★★ Faire un massage énergétique et tonifiant.

jeudi 23

Notes

vendredi 24 — 08 h 08 — 19 h 57

Nœud lunaire **Vendredi après 13 h 57, laissez vos cheveux, ongles et poils tranquilles !**

samedi 25

★★★ Couper vos cheveux (repousse rapide avec plus de vigueur et de santé).
★★★ Coloration des cheveux (les couleurs tiennent mieux).
★★★ Appliquer un soin (masque, après-shampoing…) aux cheveux gras.
★★★ Massage énergétique et tonifiant.

dimanche 26 — 08 h 04

★★★ Appliquer un soin aux cheveux gras.
★★★ Massage énergétique et tonifiant.
★★ Couper vos cheveux (repousse rapide). Coloration.
★★ Soins des peaux sèches et mixtes.

“ *Quand une personne te dit que c'est impossible, rappelle-toi qu'elle parle de ses limites, et non des tiennes.*

lundi
20
Ste Aimée

mardi
21
St Damien

mercredi
22
Ste Isabelle

jeudi
23
St Lazare

vendredi
24
St Modeste

samedi
25
St Roméo

dimanche
26
St Nestor

Instant magique

Vos vœux
de la nouvelle lune

Si vous avez des souhaits à émettre, la nouvelle lune est le moment idéal pour faire vos vœux. L'énergie de la lune va les mettre en résonance avec la source de l'univers, illimitée et infinie.

- *Installez-vous au calme et allumez une bougie, puis prenez un temps de réflexion.*
- *Sur une feuille, notez 3, 6 ou 9 vœux en commençant par « Je suis » ou « Je souhaite » au présent et dans le positif (un seul vœu par phrase). Soyez en harmonie avec ce que vous demandez.*
- *Laissez votre feuille toute la journée devant la fenêtre sous l'influence de la nouvelle lune, puis rangez-la. La puissance de la lune se charge du reste.*

Faites ce rituel dans les premières heures de la nouvelle lune (et jusqu'à 24 h après), mais jamais avant.

MARS
Semaine **9**

lundi **27**
mardi **28**
mercredi **1er**
jeudi **2**
vendredi **3**
samedi **4**
dimanche **5**

09 h 06 — lune croissante

Apogée 19 h 00

lune montante — ◄ 15 h 06 — lune descendante

C'est le temps de la réalisation !

★★★ Appliquer un soin (masque, après-shampoing…) aux cheveux gras (voir Recette beautiful ci-contre).
★★★ Faire un massage énergétique et tonifiant.
★★ Couper vos cheveux pour une repousse plus rapide.
★★ Coloration des cheveux (les couleurs tiennent mieux).
★★ Soins des peaux sèches et mixtes (nourrir, raffermir, hydrater).

04 h 42

★ Coloration des cheveux (les couleurs tiennent mieux).
★ Appliquer un soin (masque, après-shampoing…) aux cheveux gras.
★ Nourrir, raffermir, hydrater les peaux sèches et mixtes.
★ Massage énergétique et tonifiant.

Notes

10 h 53

Apogée **Vendredi après 13 h 00, laissez vos cheveux, ongles et poils tranquilles !**

✖ Oubliez vos cheveux, poils et ongles.
★ Massage énergétique et tonifiant.

02 h 11

★★ Couper vos cheveux afin que la repousse soit plus rapide (plus de vigueur et de santé).
★★ Coloration des cheveux (les couleurs tiennent mieux).
★★ Appliquer un soin aux cheveux gras.
★ Massage énergétique et tonifiant.
★ Appliquer un soin aux peaux sèches et mixtes.

“ *Qu'importe la vitesse à laquelle vous progressez, vous aurez toujours une longueur d'avance sur ceux qui ne font rien.*

lundi
27
Ste Honorine

mardi
28
St Romain

mercredi
1er
St Aubin

jeudi
2
St Charles le Bon

vendredi
3
St Guénolé

samedi
4
St Casimir

dimanche
5
Ste Olivia

Recette beautiful

Masque œuf-citron

Pour cheveux gras

L'œuf permet de nourrir les cheveux et de les renforcer sans les graisser. Le citron absorbe l'excès de sébum, fait briller les cheveux, leur donne du volume et les garde en bonne santé.

- *Mélangez dans un bol un jaune d'œuf et le jus d'un citron.*
- *Appliquez sur le cuir chevelu et massez, puis laissez reposer quelques minutes.*
- *Faites votre shampoing comme d'habitude, puis rincez à l'eau tiède.*

Utilisé régulièrement, ce soin aura le même effet éclaircissant qu'un balayage.

Attention, *utilisé trop souvent, il risque en revanche de rendre vos cheveux secs !*

MARS

Semaine **10**

lundi 6 – **mardi 7**

lune croissante

13 h 40

lune décroissante

lune descendante

★★★ Nettoyer et épurer le corps en faisant une petite diète ou un régime, en pensant à boire beaucoup.
★★ Couper vos cheveux afin que la repousse soit plus rapide (plus de vigueur et de santé).
★★ Coloration des cheveux (les couleurs tiennent mieux).
★★ Appliquer un soin (masque, après-shampoing) aux cheveux gras.
★ Massage énergétique et tonifiant.
★ Appliquer un soin aux peaux sèches et mixtes.

Analyse, gratitude et méditation de pleine lune (voir Instant magique ci-contre).

mercredi 8 – **jeudi 9** – **vendredi 10**

01 h 30

★★★ Couper vos cheveux afin qu'ils repoussent plus lentement, plus épais, plus forts, et qu'ils fourchent moins.
★★★ Appliquer un masque aux cheveux secs et mixtes.
★★★ Faire une permanente.
★★★ Massage relaxant ou drainage lymphatique.
★★★ Réaliser des soins dentaires.
★★★ Soins des ongles (repousse lente et plus épaisse).
★★★ Épilation (repousse lente).
★★ Diète ou jeûne, en pensant à boire beaucoup. *(mercredi)*
★★ Soins des peaux grasses.

samedi 11

☊ 09 h 53

Nœud lunaire Samedi avant 15 h 53, laissez vos cheveux, ongles et poils tranquilles !

dimanche 12

16 h 31

★★ Couper vos cheveux afin qu'ils repoussent plus lentement, plus épais, plus forts, et qu'ils fourchent moins.
★★ Appliquer un soin aux cheveux secs et mixtes.
★★ Épilation pour une repousse lente.
★★ Soins des peaux grasses.
★★ Massage relaxant ou drainage lymphatique.

“ *Ta direction est plus importante que ta vitesse.*
Beaucoup vont très vite nulle part.

lundi
6
Ste Colette

mardi
7
Ste Félicité

mercredi
8
St Jean de Dieu

jeudi
9
Ste Françoise

vendredi
10
St Vivien

samedi
11
Ste Rosine

dimanche
12
Ste Justine

Instant magique

Gratitude
pour la lune

Après avoir émis vos vœux et intentions à la nouvelle lune, il est important de témoigner votre gratitude durant la pleine lune.

- *Créez une atmosphère sereine : allumez une bougie, brûlez un bâton de bois sacré de palo santo, installez-vous confortablement.*
- *Faites le point sur l'évolution de vos demandes en inscrivant sur une feuille vos progrès, même les plus minimes. Il y a toujours une leçon à retenir, car vous avez laissé la porte ouverte à l'univers.*
- *Soyez reconnaissante envers la lune, car chaque expérience vous fait grandir un peu plus.*
- *Après avoir terminé votre liste, remerciez la lune de sa générosité et offrez-lui un présent : des fleurs, une chanson, un poème… toujours venant du cœur.*

MARS

Semaine **11**

lune décroissante

lune descendante

◀ 22 h 40

lune montante

lundi 13

mardi 14

08 h 06

❌ Oubliez vos cheveux, poils et ongles.
★★★ Soins dentaires (voir rappel ci-contre).
★★ Soins des peaux grasses (nettoyer, assainir, gommer…).
★★ Faire un massage relaxant ou un drainage lymphatique.

Notes

mercredi 15

03 h 08

jeudi 16

07 h 28

Faites le bilan, délivrez-vous de tout ce qui peut vous ralentir et réjouissez-vous du chemin parcouru.

★★★ Soins des peaux grasses (nettoyer, assainir, gommer…). (mercredi)
★★ Épilation (repousse lente). (mercredi)
★★ Permanente (abîme moins les cheveux).
★★ Faire un soin des ongles pour les renforcer (repousse lente et plus solide).
★ Couper vos cheveux afin qu'ils repoussent plus lentement, plus épais, plus forts, et qu'ils fourchent moins.
★ Appliquer un soin aux cheveux secs et mixtes.
★ Faire un massage relaxant ou un drainage lymphatique.

vendredi 17

samedi 18

13 h 39

★★★ Réaliser des soins dentaires.
★★ Couper vos cheveux afin qu'ils repoussent plus lentement, plus épais, plus forts, et qu'ils fourchent moins.
★★ Soins (masque, après-shampoing) aux cheveux secs et mixtes.
★★ Faire une permanente.
★★ Soins des ongles pour les épaissir (repousse lente).
★ Massage relaxant ou drainage lymphatique.

dimanche 19

Périgée 16 h 12

09 h 51

★ Massage relaxant ou drainage lymphatique.
★ Éliminer les cors aux pieds.

Périgée **Dimanche après 10 h 12, laissez vos cheveux, ongles et poils tranquilles !**

> « *J'ai appris que le courage n'est pas l'absence de peur, mais le fait de triompher d'elle.*
> *Nelson Mandela*

lundi 13
St Rodrigue

mardi 14
Ste Mathilde

mercredi 15
Ste Louise

jeudi 16
Ste Bénédicte

vendredi 17
St Patrice

samedi 18
St Cyrille

dimanche 19
St Joseph

Recette beautiful

Soins des dents
au quotidien

- *Brosser ses dents après chaque repas.*
- *Utiliser du fil dentaire.*
- *Alterner les brossages avec un dentifrice naturel fait maison (argile blanche/verte, cannelle, bicarbonate de soude, feuilles de menthe, stévia, citron, huile de coco, huile essentielle de menthe, clou de girofle…).*
- *Brosser ses dents une fois par semaine avec du charbon végétal ou du bicarbonate alimentaire (blanchissants).*
- *Frotter ses dents avec la partie blanche de la peau d'orange ou avec l'écorce de noyer utilisé dans toute l'Afrique du Nord : blanchissants.*
- *Bain de bouche (durant 5 minutes) à l'huile végétale de coco : antibactérien, anti-inflammatoire et blanchissant.*
- *Boire du thé vert (antioxydant) à la stévia (prévient les caries, gingivite…) en journée.*

MARS

Semaine **12**

lundi 20

Équinoxe de printemps 22 h 24

★★★ Nettoyer, épurer et détoxifier le corps (jeûne, diète et détox) : la nouvelle lune qui arrive vous donnera un coup de pouce, mais pensez à boire beaucoup.
★ Faire un massage relaxant ou un drainage lymphatique.
★ Éliminer les cors aux pieds.

mardi 21

18 h 23

13 h 44

La nouvelle lune est la période idéale pour jeûner et se débarrasser des mauvaises habitudes alimentaires (voir Alliance magique ci-contre).

✖ Oubliez vos cheveux, poils et ongles.
★★★ Nettoyer, épurer et détoxifier le corps (jeûne, diète et détox) : pensez à boire beaucoup.
★★ Massage relaxant ou drainage lymphatique. *(mardi)*
★★ Éliminer les cors aux pieds. *(mardi)*
★★ Soins des peaux sèches et mixtes. *(mercredi et jeudi)*
★★ Massage énergétique et tonifiant. *(mercredi et jeudi)*

Cure tonifiante, compléments alimentaires (phytothérapie), à faire sur une semaine.

mercredi 22

lune croissante

lune montante

jeudi 23

vendredi 24

03 h 08

17 h 54

Nœud lunaire **Vendredi avant 09 h 08, laissez vos cheveux, ongles et poils tranquilles !**

★★★ Couper vos cheveux (repousse rapide avec plus de vigueur et de santé).
★★★ Coloration des cheveux (les couleurs tiennent mieux).
★★★ Appliquer un soin (masque, après-shampoing...) aux cheveux gras.
★★★ Massage énergétique et tonifiant.

samedi 25

dimanche 26

17 h 16

★★★ Appliquer un soin (masque, après-shampoing...) aux cheveux gras.
★★★ Faire un massage énergétique et tonifiant.
★★ Couper vos cheveux pour une repousse plus rapide.
★★ Coloration des cheveux (les couleurs tiennent mieux).
★★ Soins des peaux sèches et mixtes.

> *La vie n'est pas d'attendre que les orages passent, c'est d'apprendre comment danser sous la pluie.*
> *Sénèque*

lundi 20
St Herbert
PRINTEMPS

mardi 21
Ste Clémence

mercredi 22
Ste Léa

jeudi 23
St Victorien

vendredi 24
Ste Cath. de Suède

samedi 25
Annonciation

dimanche 26
Ste Larissa
Passage à l'heure d'été : à 02 h 00, il sera 03 h 00

Alliance magique

Préparer son jeûne
de la nouvelle lune

Faire un jeûne ou une diète la veille, le jour et/ou le lendemain de la nouvelle lune est idéal pour détoxifier le foie, les reins, les intestins et la peau.

- *Comptez avec l'aide de certaines plantes et fibres dans vos salades, tisanes et jus (ortie, sève de bouleau, persil, pissenlit, thé vert, légumes verts, fruits, fruits secs, oléagineux, céréales complètes, légumineuses), et terminez ces 3 jours par un bain de vapeur pour la peau.*
- ***Infusion de pissenlit :** mettez 50 g de feuilles de pissenlit dans 1 litre d'eau bouillante et laissez infuser 10 minutes. Filtrez et buvez 2 tasses par jour (non recommandé pour les femmes enceintes ou allaitantes).*

MARS
Semaine **13**

lundi 27

lune croissante

lune montante

★★★ Appliquer un soin aux cheveux gras.
★★★ Faire un massage énergétique et tonifiant.
★★ Couper vos cheveux pour une repousse plus rapide.
★★ Coloration des cheveux (les couleurs tiennent mieux).
★★ Soins des peaux sèches et mixtes (voir Recette beautiful ci-contre).

mardi 28

◀ 23 h 27

13 h 23

★ Coloration des cheveux (les couleurs tiennent mieux).
★ Appliquer un soin (masque, après-shampoing…) aux cheveux gras.
★ Nourrir, raffermir, hydrater les peaux sèches et mixtes.
★ Massage énergétique et tonifiant.

mercredi 29

04 h 32

Trouvez les solutions aux défis posés avec un esprit résolu.

jeudi 30

lune descendante

19 h 05

★ Massage énergétique et tonifiant.

vendredi 31

Apogée 13 h 17

Apogée **Laissez vos cheveux, ongles et poils tranquilles !**

Notes

samedi 1er

10 h 23

★★ Couper vos cheveux afin que la repousse soit plus rapide (plus de vigueur et de santé).
★★ Coloration des cheveux (les couleurs tiennent mieux).
★★ Appliquer un soin (masque, après-shampoing…) aux cheveux gras.
★ Massage énergétique et tonifiant.
★ Appliquer un soin aux peaux sèches et mixtes (nourrir, raffermir, hydrater).

dimanche 2

" *Ne regarde pas ce que l'on te montre...
Cherche plutôt ce que l'on te cache.*

lundi
27
St Habib

mardi
28
St Gontran

mercredi
29
Ste Gwladys

jeudi
30
Ste Amédée

vendredi
31
St Benjamin

samedi
1er
St Hugues

dimanche
2
Ste Sandrine

Recette beautiful

Démaquillant visage

Pour peaux sèches, sensibles, déshydratées & matures

- Émulsionnez au fouet, 40 ml d'huile d'amande douce et 40 ml de gel d'aloe vera.
- Ajoutez 20 ml d'eau de rose et 8 gouttes d'huile essentielle de géranium rosat.
- Transvasez dans une petite bouteille.
- Avant chaque utilisation, agitez bien la bouteille, puis imbibez un coton avec un peu de liquide et démaquillez-vous le visage (en évitant le contour des yeux).

À utiliser dans la semaine. Déconseillé aux femmes enceintes.

AVRIL
Semaine **14**

lundi **3**
mardi **4**
mercredi **5**
jeudi **6**
vendredi **7**
samedi **8**
dimanche **9**

lune croissante

06 h 34

lune décroissante

lune descendante

15 h 52

★★ Couper vos cheveux afin que la repousse soit plus rapide (plus de vigueur et de santé).
★★ Coloration des cheveux (les couleurs tiennent mieux).
★★ Appliquer un soin aux cheveux gras.
★ Massage énergétique et tonifiant.
★ Appliquer un soin aux peaux sèches et mixtes.

09 h 41

★★★ Nettoyer le corps en faisant une petite diète. *(mercredi)*
★★ Couper vos cheveux afin que la repousse soit plus rapide (vigueur et santé). *(★★★ mercredi soir)*
★★ Coloration des cheveux (les couleurs tiennent mieux).
★★ Appliquer un soin aux cheveux gras.
★ Massage énergétique et tonifiant.
★ Appliquer un soin aux peaux sèches et mixtes.

La pleine lune est propice à la libération des mauvaises habitudes, vibrations et énergies (voir Instant magique ci-contre).

★★★ Jeûne, régime ou détox, en pensant à boire beaucoup.
★★★ Couper vos cheveux afin qu'ils repoussent plus lentement, plus épais, plus forts, et qu'ils fourchent moins.
★★★ Soins des ongles (repousse lente, épaisse).
★★★ Épilation (repousse lente).
★★★ Masque pour les cheveux secs et mixtes. Permanente.
★★★ Massage relaxant ou drainage lymphatique.
★★★ Soins dentaires.
★★ Soins des peaux grasses.

Nœud lunaire **Vendredi après 09 h 52, laissez vos cheveux, ongles et poils tranquilles !**

23 h 43

★★★ Commencer une détox (élimination des toxines par les plantes sur 3 semaines).
★★ Commencer un jeûne, un régime.
★★ Couper vos cheveux afin qu'ils repoussent plus lentement, plus épais, plus forts, et qu'ils fourchent moins.
★★ Appliquer un soin aux cheveux secs et mixtes.
★★ Épilation (repousse lente). Soins des peaux grasses.
★★ Massage relaxant ou drainage lymphatique.

14 h 45

✖ Oubliez vos cheveux, poils et ongles.
★★★ Soins dentaires.
★★ Soins des peaux grasses. Jeûne, régime.
★★ Massage relaxant ou drainage lymphatique.

“ *L'homme ne peut découvrir de nouveaux océans tant qu'il n'a pas le courage de perdre de vue la côte.*
André Gide

lundi
3
St Richard

mardi
4
St Isidore

mercredi
5
Ste Irène

jeudi
6
St Marcellin

vendredi
7
St J-B. de la Salle

samedi
8
Ste Julie

dimanche
9
PÂQUES

Instant magique

Faire le vide

pour accueillir la nouveauté

La phase de pleine lune est une opportunité pour se reconnecter à ses besoins, à ses envies et à ses émotions.

- Vivez le moment présent et débarrassez-vous de ce qui ne vous est plus utile.
- Faites le tri entre ce que vous voulez et ce que vous ne voulez plus.
- Donnez, vendez, réorganisez, afin de faire le vide dans votre maison.

L'important est de faire place nette afin de pouvoir accueillir de nouvelles choses dans votre vie.

AVRIL
Semaine **15**

lundi **10**	lune décroissante	lune descendante	
mardi **11**		◄ 05 h 10	
mercredi **12**		lune montante	
jeudi **13**	11 h 11		
vendredi **14**			
samedi **15**			
dimanche **16**	Périgée 04 h 24		

✖ Oubliez vos cheveux, poils et ongles.
★★★ Soins dentaires.
★★ Soins des peaux grasses.
★★ Commencer un jeûne ou un régime, en pensant à boire beaucoup.
★★ Faire un massage relaxant ou un drainage lymphatique.

13 h 54

★★★ Soins des peaux grasses (voir Recette beautiful ci-contre). *(mardi)*
★★ Épilation (repousse lente). *(mardi)*
★★ Permanente (abîme moins les cheveux).
★★ Faire un soin des ongles pour les renforcer (repousse lente et plus solide).
★★ Commencer un jeûne, un régime.
★ Couper vos cheveux afin qu'ils repoussent plus lentement, plus épais, plus forts, et qu'ils fourchent moins.
★ Appliquer un soin aux cheveux secs et mixtes.
★ Massage relaxant ou drainage lymphatique.

Finalisez ce que vous aviez commencé, puis transmettez-le et diffusez-le.

20 h 51

★★★ Réaliser des soins dentaires.
★★ Couper vos cheveux afin qu'ils repoussent plus lentement, plus épais, plus forts, et qu'ils fourchent moins.
★★ Appliquer un soin aux cheveux secs et mixtes.
★★ Faire une permanente.
★★ Soins des ongles pour les épaissir (repousse lente).
★★ Commencer un jeûne, un régime (boire beaucoup).
★ Massage relaxant ou drainage lymphatique.

18 h 21

Périgée **Dimanche avant 10 h 24, laissez vos cheveux, ongles et poils tranquilles !**

★★ Faire une permanente.
★ Couper vos cheveux afin qu'ils repoussent plus lentement, plus épais, plus forts, et qu'ils fourchent moins.
★ Appliquer un soin aux cheveux secs et mixtes.
★ Massage relaxant ou drainage lymphatique.

> Accomplis chaque acte de ta vie comme s'il devait être le dernier.
>
> Marc Aurèle

lundi **10**
L. DE PÂQUES

mardi **11**
St Stanislas

mercredi **12**
St Jules

jeudi **13**
Ste Ida

vendredi **14**
St Maxime

samedi **15**
St Paterne

dimanche **16**
St Benoît-Joseph

Recette beautiful

Lotion « bonne mine »

Pour peaux grasses

Rien de mieux que des ingrédients naturels pour une belle peau.

- Coupez un demi-concombre en rondelles et 2 citrons verts en quartiers.
- Dans 50 cl d'eau de source (ou d'eau de lune), ajoutez 10 feuilles de menthe fraîche et 5 gouttes d'huile essentielle de tea tree.
- Laissez reposer une journée et filtrez dans une bouteille en verre.
- Nettoyez votre visage avec cette eau.

Le citron et l'huile essentielle de tea tree purifient, le concombre adoucit et hydrate, et la menthe réduit l'excès de sébum.

AVRIL
Semaine **16**

lune décroissante

lune montante

lundi 17

★ Massage relaxant ou drainage lymphatique.
★ Commencer un jeûne ou un régime (boire beaucoup).
★ Éliminer les cors aux pieds.

mardi 18

23 h 46

★★ Éliminer les cors aux pieds.
★ Commencer un jeûne ou un régime, en pensant à boire beaucoup.
★ Faire un massage relaxant ou un drainage lymphatique.

mercredi 19

★★★ Nettoyer, épurer et détoxifier le corps (jeûne, diète ou détox) : la nouvelle lune qui arrive vous donnera un coup de pouce, mais pensez à boire beaucoup.

jeudi 20

06 h 12

13 h 30

04 h 38

La nouvelle lune marque le point de départ pour élaborer ses rêves (voir Instant magique ci-contre).

Nœud lunaire **Jeudi, laissez vos cheveux, ongles et poils tranquilles !**

vendredi 21

★★★ Appliquer un soin (masque, après-shampoing...) aux cheveux gras.
★★★ Massage énergétique et tonifiant.
★★★ Nettoyer, épurer et détoxifier le corps (jeûne, diète ou détox) : la nouvelle lune qui arrive vous donnera un coup de pouce, mais pensez à boire beaucoup.

samedi 22

03 h 53

★★★ Appliquer un soin (masque, après-shampoing...) aux cheveux gras.
★★★ Faire un massage énergétique et tonifiant.
★★ Couper vos cheveux pour une repousse plus rapide.
★★ Coloration des cheveux (les couleurs tiennent mieux).
★★ Soins des peaux sèches et mixtes (nourrir, raffermir, hydrater).

dimanche 23

lune croissante

“ *Ne laisse entrer dans le jardin de ta vie que ceux qui ont des fleurs à planter.*
Mazouz Hacène

lundi
17
St Anicet

mardi
18
St Parfait

mercredi
19
Ste Emma

jeudi
20
Ste Odette

vendredi
21
St Anselme

samedi
22
St Alexandre

dimanche
23
St Georges

Instant magique

Chèque d'abondance

- Prenez l'un de vos chèques ou écrivez sur un papier toutes les informations d'un chèque (c'est l'intention qui compte).
- Rédigez avec une encre verte (le rayon sacré).
- Montant en lettre : « L'abondance positive en tout. »
- Montant en chiffre : « À payer intégralement. »
- L'ordre : votre nom et votre prénom.
- Lieu et date : « Ici et maintenant » et « Merci à l'Univers ».
- Signez en inscrivant : « La Loi de l'Abondance. »
- Au dos du chèque, précisez le domaine dans lequel vous aimeriez avoir de l'abondance.
- Posez-le en évidence, et lorsque vous l'apercevrez, faites comme si vous aviez déjà reçu ce que vous avez demandé et éprouvez de la gratitude.
- À la nouvelle lune suivante, brûlez le chèque et remerciez l'univers.

AVRIL
Semaine **17**

lundi 24 — lune croissante — lune montante

★★★ Soin aux cheveux gras (voir Recette beautiful ci-contre).
★★★ Faire un massage énergétique et tonifiant.
★★ Couper vos cheveux (repousse rapide). Coloration.
★★ Soins des peaux sèches et mixtes.

mardi 25 — 21 h 58 — 07 h 53 ▶

★ Coloration des cheveux (les couleurs tiennent mieux).
★ Appliquer un soin (masque, après-shampoing...) aux cheveux gras.
★ Nourrir, raffermir, hydrater les peaux sèches et mixtes.
★ Massage énergétique et tonifiant.

mercredi 26

Notes

jeudi 27 — lune descendante — 23 h 20 — 03 h 04

✖ Oubliez vos cheveux, poils et ongles.
★ Massage énergétique et tonifiant.

Moment d'abondance et de créativité dans l'élaboration des rêves et des projets !

vendredi 28 — Apogée 08 h 43

Apogée **Vendredi avant 14 h 43, laissez vos cheveux, ongles et poils tranquilles !**

samedi 29 — 18 h 17

★★ Couper vos cheveux afin que la repousse soit plus rapide (plus de vigueur et de santé).
★★ Coloration des cheveux (les couleurs tiennent mieux).
★★ Appliquer un soin (masque, après-shampoing...) aux cheveux gras.
★ Massage énergétique et tonifiant.
★ Appliquer un soin aux peaux sèches et mixtes (nourrir, raffermir, hydrater).

dimanche 30

« *Regardez les situations sous tous les angles, et vous deviendrez plus ouverts.*
Dalaï-Lama

lundi 24
St Fidèle

mardi 25
St Marc

mercredi 26
Ste Alida

jeudi 27
Ste Zita

vendredi 28
Ste Valérie

samedi 29
Ste Cath. de Sienne

dimanche 30
St Robert

Recette beautiful

Masque au rhassoul

Pour cheveux gras

Le rhassoul (ou ghassoul) est une argile 100 % naturelle aux propriétés adoucissantes et apaisantes.

- *Faites une infusion au romarin.*
- *Mélangez 5 cuillères à soupe de poudre de rhassoul et autant d'infusion tiède, afin d'obtenir une pâte lisse et fluide (n'utilisez pas d'ustensiles en métal).*
- *Ajoutez 5 gouttes d'huile essentielle de lavande et mélangez bien.*
- *Brossez vos cheveux, puis appliquez le masque d'abord sur les racines, puis mèche par mèche jusqu'aux pointes.*
- *Enveloppez vos cheveux d'un film cellophane ou d'une serviette, et laissez poser 30 minutes.*
- *Rincez à l'eau tiède.*

MAI

Semaine **18**

lune croissante — lune descendante

lundi 1er

★★ Couper vos cheveux (repousse rapide). Coloration.
★★ Appliquer un soin aux cheveux gras.
★ Massage énergétique et tonifiant.
★ Appliquer un soin aux peaux sèches et mixtes.

mardi 2

17 h 56

★★ Couper vos cheveux afin que la repousse soit plus rapide (vigueur et santé).
★★ Coloration des cheveux (les couleurs tiennent mieux).
★★ Appliquer un soin (masque, après-shampoing...) à vos cheveux gras.
★ Massage énergétique et tonifiant.
★ Appliquer un soin aux peaux sèches et mixtes (nourrir, raffermir, hydrater).

mercredi 3

jeudi 4

23 h 57

★★★ Nettoyer et épurer le corps en faisant une petite diète.

Nœud lunaire **Jeudi après 17 h 57, laissez vos cheveux, ongles et poils tranquilles !**

vendredi 5

19 h 34

07 h 34

★★★ Commencer un jeûne, un régime ou une détox, en pensant à boire beaucoup (voir Recette beautiful ci-contre).
★★ Couper vos cheveux (repousse rapide).
★ Coloration. Soins des cheveux gras. Soins des peaux sèches et mixtes. Massage énergétique et tonifiant.

La pleine lune accentue les effets de la cure détox.

samedi 6

lune décroissante

★★ Couper vos cheveux (repousse lente, épais, forts).
★★ Soin des cheveux secs et mixtes.
★★ Épilation (repousse lente).
★★ Soins des peaux grasses. Massage relaxant.

dimanche 7

21 h 53

✖ Oubliez vos cheveux, poils et ongles.
★★★ Soins dentaires.
★★ Nettoyer, assainir et gommer les peaux grasses.
★★ Commencer un jeûne ou un régime (boire beaucoup).
★★ Massage relaxant ou drainage lymphatique.

" *Votre corps est précieux. Il est votre véhicule pour l'éveil. Prenez-en soin.*
Bouddha

lundi
1er
FÊTE DU TRAVAIL

mardi
2
St Boris

mercredi
3
Sts Philippe, Jacques

jeudi
4
St Sylvain

vendredi
5
Ste Judith

samedi
6
Ste Prudence

dimanche
7
Ste Gisèle

Recette beautiful

Détox de printemps

Une détox douce à faire sur 3 semaines pour éliminer les toxines accumulées en hiver.

- *Mangez à des heures régulières, avec modération.*
- *Évitez le grignotage pour ne pas solliciter votre système digestif.*
- *Buvez 2 litres d'eau par jour, ainsi que des tisanes (reine-des-prés, queue de cerise) et du thé vert pour leurs effets drainants et diurétiques (supprimez l'alcool).*
- *Mangez des fruits, des légumes frais, des céréales et des oléagineux (oubliez les produits industriels et les plats préparés).*
- *Optez pour les poissons et les viandes blanches (supprimez les protéines animales grasses).*
- *Assaisonnez d'huile d'olive et de noix (bannissez sauces et fritures).*
- *Dites non au sucre et aux produits laitiers, et remplacez-les par des boissons végétales.*

MAI
Semaine **19**

lundi 8 — lune décroissante — lune descendante

✖ Oubliez vos cheveux, poils et ongles.
★★★ Soins dentaires.
★★ Soins des peaux grasses.
★★ Jeûne ou régime (boire beaucoup).
★★ Massage relaxant ou drainage lymphatique.

mardi 9 — 10 h 57 ▸ lune montante — 20 h 01

★★ Faire une permanente (abîme moins les cheveux).
★★ Faire un soin des ongles pour les renforcer (repousse lente et plus solide).
★★ Commencer un jeûne ou un régime, en pensant à boire beaucoup.
★ Couper vos cheveux afin qu'ils repoussent plus lentement, plus épais, plus forts, et qu'ils fourchent moins.
★ Appliquer un soin aux cheveux secs et mixtes.
★ Massage relaxant ou drainage lymphatique.

mercredi 10

jeudi 11 — Périgée 07 h 05 — 02 h 16

Périgée **Jeudi avant 13 h 05, laissez vos cheveux, ongles et poils tranquilles !**

★★ Couper vos cheveux afin qu'ils repoussent plus lentement, plus épais, plus forts, et qu'ils fourchent moins.
★★ Soins aux cheveux secs et mixtes.
★★ Permanente.
★★ Soins dentaires.
★★ Soins des ongles pour les épaissir (repousse lente).
★★ Commencer un jeûne ou un régime (boire beaucoup).
★ Massage relaxant ou drainage lymphatique.

vendredi 12 — 16 h 28

samedi 13 — 23 h 59

★★ Faire une permanente.
★ Couper vos cheveux afin qu'ils repoussent plus lentement, plus épais, plus forts, et qu'ils fourchent moins.
★ Appliquer un soin (masque) aux cheveux secs et mixtes.
★ Massage relaxant ou drainage lymphatique.
★ Commencer un jeûne ou un régime (boire beaucoup).

dimanche 14

“ *Chacun de nous est une Lune, avec une face cachée que personne ne voit.*
Mark Twain

lundi
8
VICTOIRE 1945

mardi
9
St Pacôme

mercredi
10
Ste Solange

jeudi
11
Ste Estelle

vendredi
12
St Achille

samedi
13
Ste Rolande

dimanche
14
St Matthias

Recette beautiful

Shampoing liquide

Pour cheveux secs (pour 50 cl de shampoing)

- *Râpez 20 g de savon de Marseille et faites-le fondre avec 50 cl d'eau dans une casserole.*
- *Laissez refroidir, puis ajoutez 1 cuillère à soupe de bicarbonate de soude, 10 gouttes d'huile essentielle de tea tree et 10 gouttes d'huile essentielle du parfum de votre choix (facultatif).*
- *Mettez 1 cuillère à soupe d'huile de coco à fondre au bain-marie et incorporez-y 1 cuillère à soupe de miel liquide.*
- *Mélangez bien tous les ingrédients et versez dans une bouteille.*

Avant chaque utilisation, secouez la bouteille, puis appliquez le shampoing sur les racines et massez vos cheveux. Attendez 2 minutes et rincez.

MAI
Semaine **20**

lundi **15**

lune décroissante

06 h 29

✖ Oubliez vos cheveux, poils et ongles.
★★ Réaliser des soins dentaires.
★★ Éliminer les cors aux pieds. *(mercredi)*
★ Commencer un jeûne ou un régime (boire beaucoup).
★ Faire un massage relaxant ou un drainage lymphatique.

mardi **16**

Notes

mercredi **17**

21 h 35

12 h 33

Nœud lunaire **Mercredi après 15 h 35, laissez vos cheveux, ongles et poils tranquilles !**

jeudi **18**

lune montante

★★★ Soins des ongles pour les renforcer (repousse lente).
★★ Commencer un jeûne ou un régime, en pensant à boire beaucoup.
★ Faire un massage relaxant ou un drainage lymphatique.
★ Éliminer les cors aux pieds.

vendredi **19**

17 h 53

12 h 26

Faites le plein d'énergie
(voir Instant magique ci-contre) !

samedi **20**

★★★ Soins des ongles pour les renforcer (repousse lente).
★★★ Faire un massage énergétique et tonifiant. *(samedi et dimanche)*
★★ Soins des peaux sèches et mixtes (nourrir, raffermir, hydrater). *(samedi et dimanche)*
★★ Éliminer les cors aux pieds. *(vendredi)*
★ Massage relaxant ou drainage lymphatique.
★ Commencer un jeûne, un régime, une détox : la nouvelle lune vous donnera un coup de pouce, mais pensez à boire beaucoup.

dimanche **21**

lune croissante

“ C'est une triste chose de songer que la nature parle et que le genre humain n'écoute pas.
Victor Hugo

lundi
15
Ste Denise

mardi
16
St Honoré

mercredi
17
St Pascal

jeudi
18
ASCENSION

vendredi
19
St Yves

samedi
20
St Bernardin

dimanche
21
St Constantin

Instant magique

Purification des pierres
par les ondes sonores

Si vous portez ou utilisez des pierres énergétiques, vous devez les purifier et les recharger régulièrement. Pour cela, les vibrations du bol tibétain sont idéales, car ce bain de son puissant réaccorde les cristaux à leur fréquence originelle.

- *Placez votre pierre ou votre bijou à l'intérieur du bol.*
- *Faites chanter le bol en faisant une rotation autour avec une mailloche.*
- *Prolongez le son le plus longtemps possible et attendez bien que le bol n'émette plus de son avant de recommencer.*
- *Répétez pendant une quinzaine de minutes, en libérant votre esprit et en ressentant vous aussi les vibrations qui circulent.*

MAI

Semaine **21**

lundi **22**

mardi **23**

mercredi **24**

jeudi **25**

vendredi **26**

samedi **27**

dimanche **28**

lune croissante

Apogée 03 h 39

17 h 22

l. m.

16 h 07 ▶

lune descendante

06 h 28

★ Coloration des cheveux (les couleurs tiennent mieux).
★ Appliquer un soin (masque, après-shampoing…) aux cheveux gras.
★ Nourrir, raffermir, hydrater les peaux sèches et mixtes.
★ Massage énergétique et tonifiant.

Notes

11 h 12

✖ Oubliez vos cheveux, poils et ongles.
★ Massage énergétique et tonifiant.

02 h 21

Apogée **Vendredi avant 09 h 39, laissez vos cheveux, ongles et poils tranquilles !**

★★ Couper vos cheveux afin que la repousse soit plus rapide (plus de vigueur et de santé).
★★ Coloration des cheveux (les couleurs tiennent mieux, voir Recette beautiful ci-contre).
★★ Appliquer un soin (masque, après-shampoing…) aux cheveux gras.
★ Massage énergétique et tonifiant.
★ Appliquer un soin aux peaux sèches et mixtes (nourrir, raffermir, hydrater).

Pratiquez la méditation afin d'améliorer la connaissance de vous-même et recevoir de judicieux conseils.

« *Vous n'attirez pas ce que vous voulez,
vous attirez ce que vous êtes.*
Dr Wayne Dyer

lundi
22
St Émile

mardi
23
St Didier

mercredi
24
St Donatien

jeudi
25
Ste Sophie

vendredi
26
St Bérenger

samedi
27
St Augustin de Cantorbéry

dimanche
28
PENTECÔTE

Recette beautiful

Coloration des cheveux
à la betterave rouge

Pour une coloration rose ou rouge 100 % naturelle. Si vous avez les cheveux clairs, vous obtiendrez l'effet escompté dès la première coloration. S'ils sont foncés, vous aurez des reflets rouges et vous devrez répéter la coloration plusieurs fois.

- *Coupez une betterave de taille moyenne en morceaux, mettez-la dans une casserole et faites-la cuire 15 minutes.*
- *Mixez et laissez refroidir.*
- *Appliquez sur vos cheveux, puis enveloppez-les dans un film alimentaire ou une serviette pour garder la chaleur pendant 20 minutes.*
- *Rincez vos cheveux avec un mélange vinaigre-eau (3 cuillères à soupe de vinaigre pour 1,5 litre d'eau) afin de fixer les piments de la coloration, puis séchez-les.*

MAI
Semaine **22**

lundi **29**

mardi **30**

mercredi **31**

jeudi **1er**

vendredi **2**

samedi **3**

dimanche **4**

lune croissante

08 h 23

05 h 42

lune descendante

02 h 31

★★ Couper vos cheveux afin que la repousse soit plus rapide (plus de vigueur et santé).
★★ Coloration des cheveux (les couleurs tiennent mieux).
★★ Appliquer un soin (masque, après-shampoing…) à vos cheveux gras.
★ Massage énergétique et tonifiant.
★ Appliquer un soin aux peaux sèches et mixtes (nourrir, raffermir, hydrater).

Notes

Nœud lunaire **Jeudi avant 14 h 23, laissez vos cheveux, ongles et poils tranquilles !**

16 h 49

★ Couper vos cheveux (repousse rapide).
★ Coloration (les couleurs tiennent mieux).
★ Appliquer un soin aux cheveux gras.
★ Soins des peaux sèches et mixtes (nourrir, raffermir, hydrater).
★ Massage énergétique et tonifiant.

06 h 53

✖ Oubliez vos cheveux, poils et ongles.
★★★ Nettoyer, épurer le corps en faisant une petite diète.
★ Massage énergétique et tonifiant.
★ Soins des peaux sèches et mixtes.

La pleine lune est le point culminant des énergies (voir Recette magique ci-contre).

★★★ Commencer un jeûne, un régime ou une détox.
★★★ Soins dentaires.
★★ Soins des peaux grasses.
★★ Massage relaxant ou drainage lymphatique.

“ *Nous resplendissons tous comme la Lune, les étoiles et le Soleil.*
John Lennon

lundi
29
L. PENTECÔTE

mardi
30
St Ferdinand

mercredi
31
Visitation

jeudi
1er
St Justin

vendredi
2
Ste Blandine

samedi
3
St Kévin

dimanche
4
Fête des Mères

Recette magique

L'eau de lune

◆ *Le soir de la pleine lune, remplissez une bouteille en verre transparent d'une eau de source.*

◆ *Vous pouvez ajouter des pierres et/ou du sel d'Epsom (ou de mer) afin d'accroître les énergies.*

◆ *Placez la bouteille sous les rayons de la lune.*

◆ *Informez et chargez l'eau des intentions positives que vous souhaitez voir accomplir et/ou pensez aux usages que vous comptez en faire.*

◆ *Récupérez la bouteille avant le lever du soleil.*

Vous pouvez ensuite :
– Boire l'eau de lune (dans ce cas-là, sans sel), cela boostera votre système immunitaire.
– Mélanger l'eau à celle de votre bain.
– Arroser les plantes afin de les booster.
– Vaporiser l'eau dans votre intérieur afin de faire disparaître les mauvaises vibrations.

JUIN
Semaine **23**

lundi **5**	lune décroissante	l. d. / 18 h 22 ▸	04 h 07	★★★ Soins des peaux grasses (voir Recette beautiful ci-contre). *(lundi)* ★★ Épilation (repousse lente). *(lundi)* ★★ Permanente (abîme moins les cheveux). ★★ Soins des ongles pour les renforcer (repousse lente et plus solide). ★★ Commencer un jeûne ou un régime (boire beaucoup). ★ Couper vos cheveux afin qu'ils repoussent plus lentement, plus épais, plus forts, et qu'ils fourchent moins. ★ Appliquer un soin aux cheveux secs et mixtes. ★ Massage relaxant ou drainage lymphatique. Périgée **Mardi après 19 h 06, laissez vos cheveux, ongles et poils tranquilles jusqu'à 07 h 06 le lendemain matin !**
mardi **6**				
mercredi **7**	**Périgée 01 h 06**	lune montante	08 h 58	★★ Couper vos cheveux afin qu'ils repoussent plus lentement, plus épais, plus forts, et qu'ils fourchent moins. ★★ Appliquer un soin aux cheveux secs et mixtes. ★★ Faire une permanente. ★★ Réaliser des soins dentaires. ★★ Soins des ongles pour les épaissir (repousse lente). ★★ Commencer un jeûne, un régime (boire beaucoup). ★ Massage relaxant ou drainage lymphatique.
jeudi **8**				
vendredi **9**			05 h 45	★★ Faire une permanente. ★ Couper vos cheveux afin qu'ils repoussent plus lentement, plus épais, plus forts, et qu'ils fourchent moins. ★ Appliquer un soin (masque) aux cheveux secs et mixtes. ★ Faire un massage relaxant ou un drainage lymphatique. ★ Commencer un jeûne ou un régime (boire beaucoup). ***Cycle d'élimination des toxines, déstockage... on maigrit en douceur !***
samedi **10**	**21 h 31**			
dimanche **11**			11 h 59	✖ Oubliez vos cheveux, poils et ongles. ★★ Réaliser des soins dentaires. ★ Commencer un jeûne ou un régime (boire beaucoup). ★ Massage relaxant ou drainage lymphatique.

“ *Souvent, une personne qui s'éloigne ne le fait pas pour ce que vous faites, mais pour ce que vous ne faites pas.*

lundi **5** St Igor

mardi **6** St Norbert

mercredi **7** St Gilbert

jeudi **8** St Médard

vendredi **9** Ste Diane

samedi **10** St Landry

dimanche **11** St Barnabé

Recette beautiful

Masque à l'argile verte

Peau mixte à grasse

L'argile verte a des propriétés absorbantes, exfoliantes, astringentes, anti-inflammatoires et reminéralisantes. Elle régule la sécrétion du sébum (cheveux gras et pellicules) et lutte contre la flaccidité et la cellulite.

- *Avec une cuillère en bois, mélangez une dose d'argile verte et son équivalent en eau, afin de former une pâte homogène.*
- *Appliquez sur le visage en évitant le contour des yeux, ou sur les parties du corps que vous souhaitez nettoyer et hydrater.*
- *Laissez poser environ 15 minutes, puis nettoyez à l'eau claire.*

Ne laissez pas trop sécher l'argile, elle ne doit pas tirailler votre peau.

JUIN
Semaine **24**

lune décroissante | lune montante

lundi 12

✖ Oubliez vos cheveux, poils et ongles.
★★★ Réaliser des soins dentaires.
★ Commencer un jeûne ou un régime (boire beaucoup).
★ Faire un massage relaxant ou un drainage lymphatique.

mardi 13

18 h 28

Nœud lunaire **Mercredi avant 08 h 04, laissez vos cheveux, ongles et poils tranquilles !**

mercredi 14

02 h 04

★★ Soins des ongles pour les renforcer (repousse lente).
★★ Faire une permanente (elle abîme moins les cheveux).
★★ Soins aux cheveux secs et mixtes.
★★ Commencer un jeûne ou un régime (boire beaucoup).
★ Couper vos cheveux afin qu'ils repoussent plus lentement, plus épais, plus forts, et qu'ils fourchent moins.
★ Faire un massage relaxant ou un drainage lymphatique.
★ Éliminer les cors aux pieds. *(jeudi)*

jeudi 15

19 h 18

★★★ Faire un soin des ongles pour les renforcer (repousse lente).
★★ Éliminer les cors aux pieds (voir Recette beautiful ci-contre).
★ Massage relaxant ou drainage lymphatique.
★ Commencer un jeûne ou un régime (boire beaucoup).

vendredi 16

samedi 17

★★★ Nettoyer, épurer et détoxifier le corps (jeûne, diète ou détox) : la nouvelle lune qui arrive vous donnera un coup de pouce, mais pensez à boire beaucoup.

06 h 37

La nouvelle lune amorce un nouveau cycle lunaire, une phase de calme et d'introspection où l'énergie cherche à se renouveler.

dimanche 18

◄ 23 h 05

13 h 57

★★★ Nettoyer, épurer et détoxifier le corps.
★★ Massage énergétique et tonifiant.

❝ *Prenez le temps de vous arrêter et admirez comme la vie est belle.*

lundi 12
St Guy

mardi 13
St Antoine de Padoue

mercredi 14
St Élisée

jeudi 15
Ste Germaine

vendredi 16
St J.-F. Régis

samedi 17
St Hervé

dimanche 18
Fête des Pères

Recette beautiful

Des pieds de déesse

Avant d'enfiler vos sandales d'été, un soin des pieds s'impose !

- *Dans une bassine d'eau tiède, mélangez 1 bonne poignée de gros sel et 2 tasses de vinaigre de cidre.*
- *Laissez tremper vos pieds dans ce bain purifiant et relaxant pendant 15 minutes.*
- *Passez une pierre ponce sur vos talons afin d'éliminer les peaux mortes.*
- *Massez vos pieds et vos chevilles pendant 10 minutes avec quelques gouttes d'huile d'argan ou d'huile d'olive afin d'adoucir votre peau et de la rendre plus souple.*

Réalisez ce soin le soir, avant d'aller vous coucher.

JUIN
Semaine **25**

lundi 19

lune croissante

lune descendante

★★★ Nettoyer, épurer et détoxifier le corps (jeûne, diète ou détox) : la nouvelle lune vous donnera un coup de pouce, mais pensez à boire beaucoup. *(lundi)*
★ Nourrir, raffermir et hydrater les peaux sèches et mixtes.
★ Massage énergétique et tonifiant.

mardi 20

18 h 45

✖ Oubliez vos cheveux, poils et ongles.
★ Massage énergétique et tonifiant.

mercredi 21

Solstice d'été 16 h 58

jeudi 22

09 h 54

★★ Couper vos cheveux afin que la repousse soit plus rapide (plus de vigueur et de santé).
★★ Coloration des cheveux (les couleurs tiennent mieux).
★★ Appliquer un soin (masque, après-shampoing…) aux cheveux gras.
★ Massage énergétique et tonifiant.
★ Appliquer un soin aux peaux sèches et mixtes (nourrir, raffermir, hydrater).

vendredi 23

Apogée 20 h 30

Apogée Vendredi après 14 h 30, laissez vos cheveux, ongles et poils tranquilles !

samedi 24

Notes

dimanche 25

10 h 35

★★ Couper vos cheveux (repousse rapide, vigueur).
★★ Coloration des cheveux (les couleurs tiennent mieux).
★★ Appliquer un soin aux cheveux gras.

“ *Il faut positiver, c'est une façon formidable de vivre.*
Jean Gastaldi

lundi
19
St Romuald

mardi
20
St Silvère

mercredi
21
St Gonzague

ÉTÉ

jeudi
22
St Alban

vendredi
23
Ste Audrey

samedi
24
St Jean-Baptiste

dimanche
25
St Prosper

Instant magique

Rituel de gratitude

La gratitude est un état d'esprit, une façon de voir et de remercier la vie.

- *Tous les matins, lorsque vous ouvrez les yeux, sous la douche, en ouvrant les fenêtres, après avoir pris le petit déjeuner, ou le soir après la journée, prenez 5 minutes de réflexion, de méditation.*
- *Un temps calme pour soi… Ce moment devient votre rituel.*
- *Soyez reconnaissante et remerciez qui vous voulez (Dieu, les anges, la lune, l'univers…) de tout ce que vous avez dans votre vie (petites et grandes choses) et ce que vous êtes.*
- *Vivez pleinement cette gratitude dans votre corps, votre cœur, vos pensées, vos émotions…*

Ce rituel est à réaliser tous les jours de l'année.

JUIN
Semaine **26**

lundi 26

09 h 50

mardi 27

lune croissante

mercredi 28

14 h 24

jeudi 29

vendredi 30

samedi 1er

dimanche 2

lune descendante

Certaines épreuves s'imposeront peut-être à vous, mais ayez toujours confiance et restez positive.

★★ Couper vos cheveux afin que la repousse soit plus rapide (voir Recette beautiful ci-contre).
★★ Coloration des cheveux (les couleurs tiennent mieux).
★★ Appliquer un soin (masque, après-shampoing…) aux cheveux gras.
★ Massage énergétique et tonifiant.
★ Appliquer un soin aux peaux sèches et mixtes (nourrir, raffermir, hydrater).

Nœud lunaire **Mercredi, laissez vos cheveux, ongles et poils tranquilles !**

02 h 22

★ Couper vos cheveux (repousse rapide).
★ Coloration (les couleurs tiennent mieux).
★ Appliquer un soin aux cheveux gras.
★ Soins des peaux sèches et mixtes.
★ Massage énergétique et tonifiant.

16 h 51

✖ Oubliez vos cheveux, poils et ongles.
★ Massage énergétique et tonifiant.
★ Soins des peaux sèches et mixtes (nourrir, raffermir, hydrater).

14 h 00

★★★ Nettoyer et épurer le corps en faisant une petite diète.
★★ Couper vos cheveux (repousse rapide).
★★ Soins aux cheveux gras.
★★ Massage énergétique et tonifiant.

“ Quand tout semble aller contre toi, souviens-toi que l’avion décolle contre le vent, pas avec.
Henry Ford

JUILLET
Semaine **26**

lundi
26
St Anthelme

mardi
27
St Fernand

mercredi
28
Ste Irénée

jeudi
29
Sts Pierre, Paul

vendredi
30
St Martial

samedi
1er
St Thierry

dimanche
2
St Martinien

Recette beautiful

Shampoing aux racines d’ortie

Ce shampoing va stimuler la pousse, éliminer les pellicules en réduisant l’excès de sébum et donner de l’éclat à vos cheveux.

- *Ramassez 50 g de racines d’orties fraîches.*
- *Lavez-les, coupez-les en petits morceaux et laissez-les tremper 12 heures dans 50 cl d’eau de source.*
- *Faites bouillir cette macération 15 minutes.*
- *Passez au mixeur et ajoutez 1 cuillère à soupe de vinaigre de cidre.*
- *Appliquez sur le cuir chevelu et massez durant 5 minutes.*
- *Rincez ensuite soigneusement vos cheveux à l’eau tiède.*

***Attention**, ce shampoing ne se conserve pas.*

JUILLET
Semaine **27**

lundi 3	13 h 39	03 h 27 ▲
mardi 4		
mercredi 5	Périgée 00 h 25	
jeudi 6		lune montante
vendredi 7		
samedi 8		
dimanche 9	lune décroissante	

<u>La pleine lune est propice à la libération des mauvaises habitudes, des vibrations et des énergies négatives (voir Instant magique ci-contre).</u>

★★★ Jeûne, régime, détox (boire beaucoup).
★★★ Soins aux cheveux gras.
★★★ Massage énergétique et tonifiant.
★★ Couper vos cheveux (repousse rapide).
★★ Coloration, permanente.

17 h 51

Périgée **À partir de 18 h 25 mardi et jusqu'à 06 h 25 mercredi, laissez vos cheveux, ongles et poils tranquilles !**

★★ Couper vos cheveux afin qu'ils repoussent plus lentement, plus épais, plus forts, et qu'ils fourchent moins.
★★ Permanente.
★★ Soins aux cheveux secs et mixtes.
★★ Soins dentaires.
★★ Soins des ongles pour les épaissir (repousse lente).
★★ Commencer un jeûne ou un régime (boire beaucoup).
★ Massage relaxant ou drainage lymphatique.

13 h 22

★ Couper vos cheveux afin qu'ils repoussent plus lentement, plus épais, plus forts, et qu'ils fourchent moins.
★ Appliquer un soin (masque), aux cheveux secs et mixtes.
★ Faire une permanente.
★ Commencer un jeûne ou un régime, en pensant à boire beaucoup.
★ Faire un massage relaxant ou un drainage lymphatique.

18 h 12

✖ Oubliez vos cheveux, poils et ongles.
★ Commencer un jeûne ou un régime, en pensant à boire beaucoup.
★ Faire un massage relaxant ou un drainage lymphatique.

> *L'univers ne travaille pas pour vous donner des leçons. L'univers ne répond qu'à votre vibration.*
>
> *Abraham*

JUILLET

Semaine **27**

lundi
3
St Thomas

mardi
4
St Florent

mercredi
5
St Antoine

jeudi
6
Ste Mariette

vendredi
7
St Raoul

samedi
8
St Thibault

dimanche
9
Ste Amandine

Instant magique

Rituel de libération
de la pleine lune

La pleine lune est le moment idéal pour se libérer de ses mauvaises habitudes, peurs et comportements néfastes.

- *Installez-vous dehors ou dans une pièce avec les fenêtres ouvertes sur le clair de lune.*
- *Faites brûler un bâton de palo santo pour dissiper les énergies négatives.*
- *Recentrez-vous et restaurez le calme.*
- *Notez les mauvaises habitudes dont vous désirez vous libérer ou tout ce qui est négatif et qui peut vous importuner. Un seul papier par fait.*
- *Brûlez ensuite un à un tous les papiers à la flamme d'une bougie.*
- *Imaginez la mauvaise habitude s'envoler vers la lune et disparaître au fur et à mesure qu'elle se transforme en cendres.*
- *Recentrez-vous et remerciez la lune.*

JUILLET

Semaine **28**

lundi **10** — 03 h 48

mardi **11** — 03 h 22

mercredi **12**

jeudi **13**

vendredi **14**

samedi **15**

dimanche **16**

lune décroissante

lune montante — ◄ 04 h 38 — *l. d.*

Moments privilégiés pour l'introspection et les réajustements.

✖ Oubliez vos cheveux, poils et ongles.
★★ Réaliser des soins dentaires.
★ Commencer un jeûne ou un régime (boire beaucoup).
★ Massage relaxant ou drainage lymphatique.

Nœud lunaire **Mardi avant 09 h 22, laissez vos cheveux, ongles et poils tranquilles !**

00 h 02

★★ Soins des ongles pour les renforcer (repousse lente).
★★ Faire une permanente (abîme moins les cheveux).
★★ Soins aux cheveux secs et mixtes.
★★ Commencer un jeûne ou un régime (boire beaucoup).
★ Couper vos cheveux afin qu'ils repoussent plus lentement, plus épais, plus forts, et qu'ils fourchent moins.
★ Faire un massage relaxant ou un drainage lymphatique.

00 h 59

★★★ Réaliser des soins dentaires.
★★ Appliquer un soin aux cheveux secs et mixtes.
★★ Faire un soin des ongles pour les renforcer (repousse lente).
★★ Éliminer les cors aux pieds. (samedi)
★ Couper vos cheveux afin qu'ils repoussent plus lentement, plus épais, plus forts, et qu'ils fourchent moins.
★ Massage relaxant ou drainage lymphatique.
★ Commencer un jeûne ou un régime (boire beaucoup).

Notes

20 h 14

★★★ Nettoyer, épurer et détoxifier le corps (jeûne, diète ou détox) : la nouvelle lune qui arrive vous donnera un coup de pouce, mais pensez à boire beaucoup.
★★★ Épilation (repousse lente, voir Recette beautiful ci-contre).
★★ Soins des peaux grasses.
★★ Massage relaxant ou drainage lymphatique.
★★ Éliminer les cors aux pieds.

> *Les maux du corps sont les mots de l'âme. Ainsi, on ne doit pas guérir le corps sans chercher à guérir l'âme.*
> *Platon*

JUILLET
Semaine **28**

lundi
10
St Ulrich

mardi
11
St Benoît

mercredi
12
St Olivier

jeudi
13
Sts Henri, Joël

vendredi
14
FÊTE NATIONALE

samedi
15
St Donald

dimanche
16
N.-D. du Mont Carmel

Recette beautiful

Épilation
à la cire orientale

- Mélangez 2 verres de sucre en poudre, un quart de verre d'eau, un quart de verre de jus de citron et 1 cuillère à soupe de miel.
- Portez à ébullition, puis baissez à feu doux en remuant pendant 20 minutes, jusqu'à obtenir un mélange d'une jolie couleur dorée.
- Versez dans un bol et laissez refroidir 2 heures.
- Malaxez la pâte et étirez-la (si besoin, mouillez vos doigts). Elle s'éclaircit et devient souple.
- Appliquez la cire sur la zone à épiler en l'étirant dans le sens inverse de la pousse du poil.
- Lorsqu'elle a bien adhéré à la peau, arrachez-la d'un coup sec.
- Répétez l'opération sur toute la partie à épiler.
- Rincez à l'eau tiède, puis massez avec de l'huile d'amande douce afin d'apaiser les irritations.

JUILLET
Semaine **29**

lundi 17

20 h 32

★★★ Jeûne, diète ou détox (pensez à boire beaucoup).
★★★ Épilation (repousse lente).
★★ Soins des peaux grasses.
★★ Éliminer les cors aux pieds (Recette beautiful ci-contre).

<u>La nouvelle lune est la période idéale pour nettoyer et purifier votre peau en profondeur.</u>

mardi 18

01 h 21

✖ Oubliez vos cheveux, poils et ongles.
★★★ Nettoyer, épurer et détoxifier le corps (jeûne, diète ou détox) : la nouvelle lune vous donnera un coup de pouce, mais pensez à boire beaucoup.
★ Massage énergétique et tonifiant.

lune croissante

mercredi 19

16 h 36

Apogée Jeudi avant 14 h 57, laissez vos cheveux, ongles et poils tranquilles !

★★ Couper vos cheveux afin que la repousse soit plus rapide (plus de vigueur et de santé).
★★ Coloration des cheveux (les couleurs tiennent mieux).
★★ Appliquer un soin (masque, après-shampoing…) aux cheveux gras.
★ Massage énergétique et tonifiant.
★ Appliquer un soin aux peaux sèches et mixtes (nourrir, raffermir, hydrater).

jeudi 20

Apogée
08 h 57

lune descendante

vendredi 21

Notes

samedi 22

17 h 36

★★ Couper vos cheveux afin que la repousse soit plus rapide (vigueur et santé).
★★ Coloration des cheveux (les couleurs tiennent mieux).
★★ Appliquer un soin aux cheveux gras.
★ Massage énergétique et tonifiant.
★ Appliquer un soin aux peaux sèches et mixtes.

dimanche 23

« Aimer, ce n'est pas se regarder l'un l'autre, c'est regarder ensemble dans la même direction.
Antoine de Saint-Exupéry

lundi **17** Ste Charlotte

mardi **18** St Frédéric

mercredi **19** St Arsène

jeudi **20** Ste Marina

vendredi **21** St Victor

samedi **22** Ste Marie-Madeleine

dimanche **23** Ste Brigitte

Recette beautiful

Gommage des pieds rafraîchissant

Le gommage des pieds est à effectuer tous les mois avant la nouvelle lune. Sans les peaux mortes, les callosités auront du mal à se former.

Ce gommage vous laissera la peau toute douce, avec un effet rafraîchissant et une odeur agréable.

- Dans un pot, mélangez 100 g d'huile de noix de coco avec 90 g de sucre cristallisé et 8 gouttes d'huile essentielle de menthe poivrée.
- Mettez 30 minutes au frigo pour rafraîchir.
- Frottez bien les talons, puis massez vos pieds et vos chevilles de manière circulaire avec ce gommage.
- Vous pouvez aussi masser vos jambes lourdes avec.
- Rincez avec le jet de douche réglé sur eau tiède, et terminez à l'eau froide pour activer la circulation.

JUILLET
Semaine **30**

lune croissante

lune descendante

lundi 24

★★ Couper vos cheveux afin que la repousse soit plus rapide (vigueur et santé).
★★ Coloration des cheveux (les couleurs tiennent mieux ; voir Recette beautiful ci-contre).
★★ Appliquer un soin (masque, après-shampoing...) à vos cheveux gras.
★ Massage énergétique et tonifiant.
★ Appliquer un soin aux peaux sèches et mixtes (nourrir, raffermir, hydrater).

mardi 25

17 h 06

Nœud lunaire **Mardi après 11 h 06, laissez vos cheveux, ongles et poils tranquilles !**

mercredi 26

00 h 07

10 h 55

Essayez une nouvelle coiffure : la lune s'y prête !

★ Couper vos cheveux (repousse rapide).
★ Coloration (les couleurs tiennent mieux).
★ Appliquer un soin (masque, après-shampoing...) aux cheveux gras.
★ Soins des peaux sèches et mixtes (nourrir, raffermir, hydrater).
★ Massage énergétique et tonifiant.

jeudi 27

vendredi 28

02 h 20

✖ Oubliez vos cheveux, poils et ongles.
★ Massage énergétique et tonifiant.
★ Soins des peaux sèches et mixtes (nourrir, raffermir, hydrater).

samedi 29

Notes

dimanche 30

◄ 13 h 14

l. m.

00 h 21

★★ Appliquer un soin aux cheveux gras.
★★ Massage énergétique et tonifiant.
★ Couper vos cheveux (repousse rapide).
★ Coloration des cheveux (les couleurs tiennent mieux).
★ Nourrir, raffermir et hydrater les peaux sèches et mixtes.

“ *Quelle chose compte le plus pour toi ?*
Combien de temps lui as-tu accordé aujourd'hui ?

JUILLET
Semaine **30**

lundi
24
Ste Christine

mardi
25
St Jacques

mercredi
26
Ste Anne, St Joachim

jeudi
27
Ste Nathalie

vendredi
28
St Samson

samedi
29
Ste Marthe

dimanche
30
Ste Juliette

Recette beautiful

Eau de rinçage

Pour cheveux colorés

Le vinaigre (de cidre ou blanc) est couramment utilisé pour prendre soin des cheveux colorés.

En effet, il va raviver les reflets, préserver la coloration en refermant les écailles et adoucir vos cheveux.

- *Faites bouillir pendant 10 minutes 1 litre d'eau et 2 poignées de thym.*
- *Laissez tiédir, puis filtrez votre préparation.*
- *Ajoutez 2 cuillères à soupe de vinaigre.*
- *Utilisez cette préparation comme eau de rinçage à la suite de votre shampoing.*
- *Laissez agir quelques minutes, puis passez un jet d'eau fraîche sur l'ensemble de votre chevelure.*

AOÛT

Semaine **31**

lundi 31 — lune croissante

★★★ Nettoyer, épurer le corps en faisant une petite diète.
★★★ Appliquer un soin aux cheveux gras.
★★★ Massage énergétique et tonifiant.
★★ Couper vos cheveux (repousse rapide).
★★ Coloration des cheveux (les couleurs tiennent mieux).
★★ Soins des peaux sèches et mixtes.

mardi 1er — 20 h 32 — SUPER LUNE

04 h 20

La pleine lune est le point culminant des énergies (voir Instant magique ci-contre).

★★★ Jeûne, régime ou détox, en pensant à boire beaucoup.
★★★ Couper vos cheveux (repousse rapide, plus de vigueur, de santé). Soins aux cheveux. Coloration.
★★★ Profiter d'un massage.
★★★ Soins des ongles pour les renforcer (repousse rapide).

mercredi 2 — Périgée 07 h 52 — lune décroissante

Périgée **Mercredi avant 13 h 52, laissez vos cheveux, ongles et poils tranquilles !**

jeudi 3 — lune montante

23 h 09

★★ Faire une permanente.
★ Couper vos cheveux afin qu'ils repoussent plus lentement, plus épais, plus forts, et qu'ils fourchent moins.
★ Appliquer un soin aux cheveux secs et mixtes.
★ Faire un massage relaxant ou un drainage lymphatique.
★ Commencer un jeûne ou un régime (boire beaucoup).

vendredi 4

Notes

samedi 5

01 h 49

✖ Oubliez vos cheveux, poils et ongles.
★ Commencer un jeûne ou un régime, en pensant à boire beaucoup.
★ Faire un massage relaxant ou un drainage lymphatique.

dimanche 6

“ *Il est grand temps de rallumer les étoiles.*
Guillaume Apollinaire

AOÛT
Semaine **31**

lundi
31
St Ignace de Loyola

mardi
1er
St Alphonse

mercredi
2
St Julien Eymard

jeudi
3
Ste Lydie

vendredi
4
St J.-M. Vianney

samedi
5
St Abel

dimanche
6
Transfiguration

Instant magique

Recharger ses pierres

Un soir de pleine lune

Une pierre est comme une plante, il faut s'en occuper, en prendre soin. Recharger une pierre, c'est lui rendre la puissance qu'elle perd en émettant son énergie.

- *Commencez par purifier vos pierres avant de les recharger, c'est-à-dire enlever les mauvaises énergies. Attention à bien respecter la méthode appropriée pour chacune d'elles (sel, eau, son, encens...).*
- *Un soir de pleine lune, étalez vos pierres sur un rebord de fenêtre ou à l'extérieur, en prenant soin qu'elles ne se touchent pas.*
- *Laissez-les se recharger toute la nuit (attention qu'il ne pleuve pas, certaines pierres n'aiment pas l'eau) et enlevez-les avant que le soleil ne se lève.*

AOÛT
Semaine **32**

lundi 7
04 h 45

mardi 8
12 h 28

mercredi 9

jeudi 10

vendredi 11

samedi 12

dimanche 13

lune décroissante

lune montante

◀ 09 h 34

lune descendante

06 h 45

Nœud lunaire Lundi avant 10 h 45, laissez vos cheveux, ongles et poils tranquilles !

★★ Soins des ongles pour les renforcer (repousse lente).
★★ Faire une permanente (elle abîme moins les cheveux).
★★ Soins des cheveux secs et mixtes.
★★ Commencer un jeûne ou un régime (pensez à boire).
★ Couper vos cheveux afin qu'ils repoussent plus lentement, plus épais, plus forts, et qu'ils fourchent moins.
★ Faire un massage relaxant ou un drainage lymphatique.

Octroyez- vous du temps pour flâner et rêver, afin de faire le plein d'inspiration pour préparer la nouvelle lune.

06 h 49

★★★ Réaliser des soins dentaires.
★★ Appliquer un soin aux cheveux secs et mixtes.
★★ Soins des ongles pour les renforcer (repousse lente).
★ Couper vos cheveux afin qu'ils repoussent plus lentement, plus épais, plus forts, et qu'ils fourchent moins.
★ Massage relaxant ou drainage lymphatique.
★ Commencer un jeûne ou un régime (boire beaucoup).

Notes

01 h 53

★★★ Soins dentaires.
★★★ Faire une permanente (voir Recette beautiful ci-contre).
★★ Soins des cheveux secs et mixtes.
★★ Épilation (repousse lente).
★★ Soins des peaux grasses.
★★ Massage relaxant ou drainage lymphatique.
★★ Commencer un jeûne ou un régime (boire beaucoup).
★★ Éliminer les cors aux pieds. *(dimanche)*

« *Rien de grand ne se fait sans passion.*
Victor Hugo

lundi 7
Sᵗ Gaétan

mardi 8
Sᵗ Dominique

mercredi 9
Sᵗ Amour

jeudi 10
Sᵗ Laurent

vendredi 11
Sᵗᵉ Claire

samedi 12
Sᵗᵉ Clarisse

dimanche 13
Sᵗ Hippolyte

Recette beautiful

Masque hydratant

Pour cheveux permanentés

Les cheveux permanentés doivent bénéficier de soins spécifiques et réguliers pour garder souplesse et éclat. Ce masque à la fois hydratant et après-shampoing est là pour les nourrir en profondeur !

- *Prenez un yaourt, qui à lui seul est un soin capillaire formidable.*
- *Ajoutez 2 cuillères à café de vinaigre de cidre et 1 cuillère à soupe de miel.*
- *Mélangez et appliquez ce soin de la racine aux pointes des cheveux.*
- *Massez vos cheveux et laissez poser de 15 à 20 minutes.*
- *Rincez à l'eau tiède.*

AOÛT

Semaine **33**

lundi 14

mardi 15

mercredi 16

jeudi 17

vendredi 18

samedi 19

dimanche 20

lune décroissante

11 h 38

Apogée
13 h 54

lune croissante

lune descendante

07 h 16

✖ Oubliez vos cheveux, poils et ongles.
★★ Commencer un jeûne ou un régime (boire beaucoup).
★★ Soins des peaux grasses.
★★ Faire un massage relaxant ou un drainage lymphatique.

22 h 39

La nouvelle lune amorce un nouveau cycle lunaire, une phase de calme et d'introspection où l'énergie cherche à se renouveler (voir Instant magique ci-contre).

Apogée **Mercredi avant 19 h 54, laissez vos cheveux, ongles et poils tranquilles !**

★★★ Nettoyer, épurer et détoxifier le corps (jeûne, diète ou détox) : la nouvelle lune vous donne un coup de pouce, mais pensez à boire beaucoup. *(mercredi et jeudi)*
★★★ Faire un massage relaxant. *(mercredi)*
★★★ Appliquer un soin (masque, après-shampoing…) aux cheveux gras.
★★ Soins des peaux grasses. *(mercredi)*
★ Massage énergétique et tonifiant.
★ Appliquer un soin aux peaux sèches et mixtes.

23 h 43

★★ Couper vos cheveux afin que la repousse soit plus rapide (vigueur et santé).
★★ Coloration des cheveux (les couleurs tiennent mieux).
★★ Appliquer un soin (masque, après-shampoing…) aux cheveux gras.
★ Massage énergétique et tonifiant.
★ Appliquer un soin aux peaux sèches et mixtes (nourrir, raffermir, hydrater).

« La rêverie est le clair de lune de la pensée.
Jules Renard

lundi
14
St Évrard

mardi
15
ASSOMPTION

mercredi
16
St Armel

jeudi
17
St Hyacinthe

vendredi
18
Ste Hélène

samedi
19
St Jean Eudes

dimanche
20
St Bernard

Instant magique

Reconnexion à soi

Rituel de la nouvelle lune

La nouvelle lune est un moment privilégié d'introspection et de réflexion. Un moment pour soi.

- *Commencez par vous créer un nid douillet, une atmosphère relaxante.*
- *Allumez des bougies et un bâton de palo santo (ou de la sauge blanche).*
- *Prenez une douche et préparez votre tisane ou votre thé préféré.*
- *Installez-vous confortablement et concentrez-vous sur votre respiration.*
- *Laissez-vous aller… Fredonnez, chantez si le cœur vous en dit, détendez votre corps en réalisant une gymnastique douce.*

AOÛT

Semaine **34**

lundi 21 — ♌ 18 h 23 — lune croissante — lune descendante

Nœud lunaire **Lundi après 12 h 23, laissez vos cheveux, ongles et poils tranquilles !**

★★ Couper vos cheveux afin que la repousse soit plus rapide (vigueur et santé).
★★ Coloration des cheveux (les couleurs tiennent mieux).
★★ Appliquer un soin aux cheveux gras.
★ Massage énergétique et tonifiant.
★ Appliquer un soin aux peaux sèches et mixtes.

mardi 22

mercredi 23 — ♎ 17 h 49

★ Couper vos cheveux (repousse rapide).
★ Coloration (les couleurs tiennent mieux).
★ Appliquer un soin aux cheveux gras.
★ Soins des peaux sèches et mixtes.
★ Massage énergétique et tonifiant.

jeudi 24 — 11 h 57 (premier quartier)

vendredi 25 — ♏ 10 h 10

✖ Oubliez vos cheveux, poils et ongles.
★ Massage énergétique et tonifiant.
★ Nourrir, raffermir et hydrater les peaux sèches et mixtes.

Faites-vous plaisir !
Initiez-vous à ce que vous avez toujours voulu étudier, découvrir, connaître.

samedi 26 — ♐ 09 h 33 — ◄ 22 h 18

★★ Appliquer un soin (masque, après-shampoing…) aux cheveux gras.
★★ Massage énergétique et tonifiant (voir Recette beautiful ci-contre).
★ Couper vos cheveux (repousse rapide).
★ Coloration des cheveux (les couleurs tiennent mieux).
★ Nourrir, raffermir et hydrater les peaux sèches et mixtes.

dimanche 27 — lune montante

« *On nous dit souvent de donner le meilleur de nous-même. Mais personne ne nous rappelle d'en garder un peu pour nous.*

lundi 21
St Christophe

mardi 22
St Fabrice

mercredi 23
Ste Rose de Lima

jeudi 24
St Barthélemy

vendredi 25
St Louis

samedi 26
Ste Natacha

dimanche 27
Ste Monique

Recette beautiful

Massage énergétique & tonifiant

Le massage énergétique permet de faciliter la circulation et l'équilibre de l'énergie dans votre corps. Il fait disparaître les tensions, relaxe et évacue le stress, afin de retrouver harmonie et bien-être.

- *Créez une ambiance propice à la détente : chaleur, odeurs agréables, couleurs chaudes, musique…*
- *L'idéal est d'utiliser une huile végétale de noyau d'abricot.*
- *Massez en mode tonique (repoussez, étirez, frottez, pincez, pétrissez…) afin de dénouer les blocages et permettre aux énergies vitales de circuler.*
- *Des mouvements plus lents et plus doux viendront ensuite détendre en profondeur et recentrer les énergies.*
- *Vous pouvez aussi utiliser des boules de relaxation en jade, des bâtons de massage en labradorite ou des galets d'obsidienne.*

AOÛT

Semaine **35**

lundi 28 · lune croissante

★★★ Soins aux cheveux gras.
★★★ Massage énergétique et tonifiant.
★★ Couper vos cheveux (repousse rapide). Coloration.

mardi 29

14 h 51

★★★ Couper vos cheveux pour une repousse rapide, avec plus de vigueur et de santé (voir Recette beautiful ci-contre).
★★★ Coloration des cheveux (les couleurs tiennent mieux).
★★★ Appliquer un soin (masque, après-shampoing…) aux cheveux gras.
★★★ Massage énergétique et tonifiant.
★★★ Soins des ongles pour les renforcer (repousse rapide).

mercredi 30

Périgée
17 h 54

03 h 36

SUPER LUNE BLEUE

10 h 02

Périgée **Mercredi après 11 h 54, laissez vos cheveux, ongles et poils tranquilles !**

jeudi 31

★★★ Diète.
★★★ Jeûne, régime ou détox.
★★ Soins des peaux sèches et mixtes.
★★ Massage énergétique et tonifiant. *(mercredi)*
★★ Couper vos cheveux (repousse plus rapide). Coloration.
★★ Faire une permanente.
★ Massage relaxant ou drainage lymphatique. *(jeudi)*
★ Soins des cheveux secs.

À la pleine lune, lâchez prise et réalisez vos projets !

vendredi 1er · lune décroissante · lune montante

11 h 36

✖ Oubliez vos cheveux, poils et ongles.
★ Commencer un jeûne ou un régime, en pensant à boire beaucoup.
★ Faire un massage relaxant ou un drainage lymphatique.

samedi 2

dimanche 3

☊ 09 h 44

15 h 31

Nœud lunaire **Dimanche avant 15 h 44, laissez vos cheveux, ongles et poils tranquilles !**

★★ Soins des ongles (repousse lente).
★★ Permanente. Soins des cheveux secs et mixtes.
★ Massage relaxant.

> “ *Ta vie commence réellement le jour où tu décides enfin de sortir de ta zone de confort.*

lundi 28
St Augustin

mardi 29
Ste Sabine

mercredi 30
St Fiacre

jeudi 31
St Aristide

vendredi 1er
St Gilles

samedi 2
Ste Ingrid

dimanche 3
St Grégoire

Recette beautiful

Masque au gingembre

Pour une pousse rapide des cheveux

- Épluchez un morceau de gingembre de 7 cm environ et mixez-le.
- Faites fondre au bain-marie 2 cuillères à soupe d'huile de noix de coco et versez dans une tasse.
- Mettez la pulpe de gingembre dans un chiffon ou dans un presse-ail, et pressez fortement pour récupérer le plus de jus possible dans la tasse. Mélangez.
- Transvasez dans une petite bouteille et secouez bien.
- Démêlez vos cheveux et appliquez ce masque avec une pipette sur le cuir chevelu, en massant délicatement. Finissez sur la longueur des cheveux.
- Attendez 1 à 2 heures avant de rincer à l'eau tiède, puis faites votre shampoing habituel.

Ce masque se conserve 2 semaines au frigo. Liquéfiez-le au bain-marie avant chaque utilisation.

SEPTEMBRE

Semaine **36**

lundi **4**

mardi **5**

mercredi **6**

jeudi **7** — 00 h 21

vendredi **8**

samedi **9**

dimanche **10**

lune décroissante

lune montante — ◄ 15 h 13

lune descendante

★★ Soins des ongles pour les renforcer (repousse lente).
★★ Faire une permanente (elle abîme moins les cheveux).
★★ Soins des cheveux secs et mixtes.
★★ Commencer un jeûne ou un régime (boire beaucoup).
★ Couper vos cheveux afin qu'ils repoussent plus lentement, plus épais, plus forts, et qu'ils fourchent moins.
★ Faire un massage relaxant ou un drainage lymphatique.

14 h 10

★★ Appliquer un soin (masque) aux cheveux secs et mixtes.
★★ Faire un soin des ongles pour les renforcer (repousse lente).
★★ Réaliser des soins dentaires.
★ Couper vos cheveux afin qu'ils repoussent plus lentement, plus épais, plus forts, et qu'ils fourchent moins.
★ Massage relaxant ou drainage lymphatique.
★ Commencer un jeûne long ou un régime, en pensant à boire beaucoup.

C'est le moment de faire le bilan : que s'est-il passé, qu'avez-vous appris ?

Vendredi, après 15 h 13 :
★★ Épilation pour une repousse lente.
★★ Soins des peaux grasses (nettoyer, assainir, gommer...).

00 h 57

★★★ Soins dentaires.
★★★ Permanente.
★★ Soins des cheveux secs et mixtes.
★★ Épilation (repousse lente).
★★ Soins des peaux grasses.
★★ Faire un massage relaxant ou un drainage lymphatique.
★★ Commencer un jeûne ou un régime (boire beaucoup).

13 h 13

✖ Oubliez vos cheveux, poils et ongles.
★★★ Soins dentaires. Épilation (repousse lente).
★★ Jeûne ou régime (boire beaucoup).
★★ Massage relaxant ou drainage lymphatique.

> *Partagez votre savoir.*
> *C'est une façon d'accéder à l'immortalité.*
> *Dalaï-Lama*

lundi
4
Ste Rosalie

mardi
5
Ste Raïssa

mercredi
6
St Bertrand

jeudi
7
Ste Reine

vendredi
8
Nativité N.-D.

samedi
9
St Alain

dimanche
10
Ste Inès

Recette beautiful

Soin réparateur
coup de soleil

Après une exposition prolongée au soleil, votre peau peut rougir, être chaude et douloureuse : vous avez gagné un coup de soleil !

Pour un soulagement immédiat

- *Prenez une tomate et coupez-la en rondelles.*
- *Posez les morceaux directement sur la peau pendant quelques minutes. L'effet fraîcheur est instantané et empêchera l'apparition de cloques.*

Pour un soin réparateur

- *Mixez une demi-tomate avec un demi-citron (écorce comprise) et 1 cuillère à soupe d'huile d'argan ou d'olive.*
- *Massez la zone douloureuse jusqu'à complète pénétration de la préparation.*
- *Renouvelez ce soin plusieurs fois par jour.*

SEPTEMBRE

Semaine **37**

lundi **11**

mardi **12**

mercredi **13**

jeudi **14**

vendredi **15**

samedi **16**

dimanche **17**

lune décroissante

Apogée 17 h 43

03 h 40

lune croissante

21 h 18

lune descendante

❌ Oubliez vos cheveux, poils et ongles.
★★★ Soins dentaires.
★★★ Épilation (repousse lente).
★★ Commencer un jeûne ou un régime (boire beaucoup).
★★ Soins des peaux grasses.
★★ Massage relaxant ou drainage lymphatique.

04 h 40

Apogée **Mardi après 11 h 43, laissez vos cheveux, ongles et poils tranquilles !**

★★★ Soins des ongles pour les épaissir (repousse lente).
★★★ Commencer un jeûne ou un régime (boire beaucoup).
★★★ Massage relaxant ou drainage lymphatique.
★★★ Épilation pour une repousse lente.
★★★ Éliminer les cors aux pieds.
★★ Soins des peaux grasses (nettoyer, assainir, gommer…).

Notes

05 h 41

La nouvelle lune est le moment idéal pour faire le plein d'inspiration et réfléchir à de nouveaux objectifs (voir Instant magique ci-contre).

★★★ Nettoyer, épurer et détoxifier le corps (jeûne, diète et détox) : la nouvelle lune vous donnera un coup de pouce, mais pensez à boire beaucoup. *(vendredi et samedi)*
★★★ Appliquer un soin (masque, après-shampoing…) aux cheveux gras.
★ Massage énergétique et tonifiant.
★ Appliquer un soin aux peaux sèches et mixtes (nourrir, raffermir, hydrater).

Nœud lunaire **Dimanche après 15 h 18, laissez vos cheveux, ongles et poils tranquilles !**

« Un jour, tu te réveilleras et tu n'auras plus le temps de faire ce que tu voulais faire. Fais-le donc maintenant.
Paulo Coelho

SEPTEMBRE

Semaine **37**

lundi
11
St Adelphe

mardi
12
St Apollinaire

mercredi
13
St Aimé

jeudi
14
Croix Glorieuse

vendredi
15
St Roland

samedi
16
Ste Édith

dimanche
17
St Renaud

Instant magique

Tirage d'oracle

Le tarot de la nouvelle lune

La nouvelle lune est propice à l'introspection, à la réflexion, au renouveau. Je profite donc toujours de cette phase pour faire un tirage d'oracle et interroger les tarots.

Les cartes permettent de mettre des mots sur des envies, de confirmer une émotion, un ressenti, et de donner un élan, une impulsion.

Vous pouvez utiliser une pierre de lune, une améthyste ou du quartz blanc pour canaliser les meilleures énergies pour votre tirage.

Choisissez un oracle ou un tarot qui vous « attire », vous interpelle, pour lequel vous vibrez.

Faites un tirage à une, trois ou cinq cartes suivant votre humeur.

SEPTEMBRE

Semaine **38**

lune croissante

lune descendante

lundi 18

★★ Couper vos cheveux (repousse rapide).
★★ Coloration.
★★ Soins des cheveux gras (voir Recette beautiful ci-contre).
★ Massage énergétique et tonifiant.
★ Soins des peaux sèches et mixtes.

mardi 19

23 h 32

★ Couper vos cheveux (repousse rapide).
★ Coloration (les couleurs tiennent mieux).
★ Soins (masque, après-shampoing...) aux cheveux gras.
★ Soins des peaux sèches et mixtes (nourrir, raffermir, hydrater).
★ Massage énergétique et tonifiant.

mercredi 20

jeudi 21

16 h 12

✖ Oubliez vos cheveux, poils et ongles.
★ Massage énergétique et tonifiant.
★ Soins des peaux sèches et mixtes (nourrir, raffermir, hydrater).

Notes

vendredi 22

21 h 32

◀ 05 h 36

16 h 38

<u>Adaptation, ajustement et harmonisation de vos projets qui se concrétisent.</u>

samedi 23

Équinoxe d'automne 08 h 50

lune montante

★★★ Appliquer un soin (masque, après-shampoing...) aux cheveux gras.
★★★ Massage énergétique et tonifiant.
★★ Couper vos cheveux (repousse rapide).
★★ Coloration des cheveux (les couleurs tiennent mieux).
★★ Nourrir, raffermir et hydrater les peaux sèches et mixtes.

dimanche 24

23 h 42

« *Recadrez les choses… voyez comment vous pourriez changer cette situation en opportunité.*
Paulo Coelho

lundi
18
Ste Nadège

mardi
19
Ste Émilie

mercredi
20
St Davy

jeudi
21
St Matthieu

vendredi
22
St Maurice

samedi
23
St Constant

AUTOMNE

dimanche
24
Ste Thècle

Recette beautiful

Shampoing liquide

Pour cheveux gras (pour 50 cl de shampoing)

- Râpez 20 g de savon de Marseille et faites-le fondre avec 50 cl d'eau dans une casserole.
- Laissez refroidir, puis ajoutez à l'aide d'ustensiles en bois : 2 cuillères à soupe d'argile verte, 1 cuillère à soupe de bicarbonate de soude, 10 gouttes d'huile essentielle de tea tree, 10 gouttes d'huile essentielle du parfum de votre choix (facultatif) et 1 cuillère à soupe d'huile de jojoba.
- Mélangez bien tous les ingrédients et versez dans une bouteille.

Avant chaque utilisation, secouez la bouteille, puis appliquez le shampoing sur les racines et massez vos cheveux. Attendez 2 minutes et rincez.

SEPTEMBRE

Semaine **39**

lune montante

lundi 25 — *lune croissante*

★★★ Couper vos cheveux (repousse rapide avec vigueur et santé).
★★★ Coloration des cheveux (les couleurs tiennent mieux).
★★★ Soins (masque, après-shampoing...) aux cheveux gras.
★★★ Massage énergétique et tonifiant.
★★★ Soins des ongles pour les renforcer (repousse rapide).

mardi 26

mercredi 27

20 h 13

★★ Couper vos cheveux (repousse rapide).
★★ Coloration des cheveux (les couleurs tiennent mieux).
★★ Soins (masque, après-shampoing...) aux cheveux gras.
★★ Soins des peaux sèches et mixtes.
★★ Massage énergétique et tonifiant.

jeudi 28 — Périgée 02 h 59

Périgée Jeudi avant 08 h 59, laissez vos cheveux, ongles et poils tranquilles !

★★★ Nettoyer, épurer le corps en faisant une petite diète. *(jeudi)*

vendredi 29 — 11 h 57 — SUPER LUNE

22 h 26

La pleine lune est propice à la libération des mauvaises habitudes, ainsi que des vibrations et des énergies négatives (voir Astuce magique ci-contre).

✖ Oubliez vos cheveux, poils et ongles.
★★★ Commencer un jeûne long, un régime ou une détox (élimination des toxines par les plantes sur 3 semaines), en pensant à boire beaucoup.
★ Faire un massage relaxant ou un drainage lymphatique.

samedi 30 — ☊ 18 h 48

Nœud lunaire Dimanche avant 12 h 48, laissez vos cheveux, ongles et poils tranquilles !

dimanche 1er — *lune décroissante*

01 h 55

★★ Soins des ongles pour les renforcer (repousse lente).
★★ Permanente. Soins aux cheveux secs et mixtes.
★★ Commencer un jeûne ou un régime (boire beaucoup).
★ Couper vos cheveux (repousse lente).
★ Massage relaxant ou drainage lymphatique.

« *Si vous voulez trouver les secrets de l'univers, pensez en termes d'énergie, de fréquence, d'information et de vibration.*
Nikola Tesla

SEPTEMBRE

Semaine **39**

lundi
25
St Hermann

mardi
26
Sts Côme, Damien

mercredi
27
St Vincent de Paul

jeudi
28
St Venceslas

vendredi
29
St Michel

samedi
30
St Jérôme

dimanche
1er
Ste Thérèse de l'Enfant Jésus

Astuce magique

Purifier

& réharmoniser sa maison

À chaque changement de saison, il est bon de « dépoussiérer » les flux énergétiques retenus par le mobilier et les murs de votre maison.

Les sons émettent des vibrations qui interagissent avec l'environnement. Les bols tibétains sont ainsi utilisés afin d'augmenter le taux énergétique des pièces et chasser les mauvaises énergies.

- À l'aide de la mailloche, faites vibrer votre bol tibétain dans l'un des coins de la pièce à purifier.
- Attendez bien que le son se soit complètement éteint avant de recommencer dans le coin suivant.
- Soyez dans un état d'esprit serein, détendu, et ayez des pensées positives lorsque vous faites cette purification.

À renouveler à la pleine lune de chaque changement de saison.

OCTOBRE

Semaine **40**

lune décroissante

lune montante

◄ 22 h 30

lune descendante

lundi 2

★★ Soins des ongles (repousse lente).
★★ Soins aux cheveux secs et mixtes. Permanente.
★★ Jeûne ou régime (boire beaucoup).
★ Coupe des cheveux (repousse lente).
★ Massage relaxant ou drainage lymphatique.

mardi 3

23 h 23

★★ Appliquer un soin (masque) aux cheveux secs et mixtes.
★★ Faire un soin des ongles pour les renforcer (repousse lente).
★★ Réaliser des soins dentaires.
★ Couper vos cheveux afin qu'ils repoussent plus lentement, plus épais, plus forts, et qu'ils fourchent moins.
★ Massage relaxant ou drainage lymphatique.
★ Commencer un jeûne ou un régime en pensant à boire beaucoup.

mercredi 4

Notes

jeudi 5

vendredi 6

15 h 48

08 h 10

Assimilez ce que vous avez appris et habituez-vous à votre nouveau « vous ».

★★★ Soins dentaires (voir Recette beautiful ci-contre).
★★★ Permanente.
★★ Soins des cheveux secs et mixtes.
★★ Épilation (repousse lente).
★★ Soins des peaux grasses.
★★ Massage relaxant ou drainage lymphatique.
★★ Commencer un jeûne ou un régime (boire beaucoup).

samedi 7

dimanche 8

20 h 01

✗ Oubliez vos cheveux, poils et ongles.
★★★ Soins dentaires.
★★ Commencer un jeûne ou un régime (boire beaucoup).
★★ Soins des peaux grasses.
★★ Faire un massage relaxant ou un drainage lymphatique.

❝ *Parfois, il faut accepter que les choses ne soient plus comme avant. La vie continue.*

OCTOBRE

Semaine **40**

lundi
2
St Léger

mardi
3
St Gérard

mercredi
4
S[t] Fr. d'Assise

jeudi
5
Ste Fleur

vendredi
6
St Bruno

samedi
7
St Serge

dimanche
8
Ste Pélagie

Recette beautiful

Dentifrice maison

au charbon végétal

Le charbon végétal, bien que de couleur noire, a un effet blanchissant sur les dents.

- Mélangez 1 cuillère à café de charbon végétal avec 5 gouttes d'huile essentielle de tea tree ou de menthe verte suivant votre goût.
- Ajoutez 1 cuillère à café d'huile de noix de coco bio et mélangez afin d'obtenir une pâte homogène.

La pâte dentifrice est prête et vous permettra d'afficher votre plus beau sourire !

Pour blanchir les dents et prévenir l'apparition du tartre, déposez 1 fois par semaine un peu de bicarbonate de soude sur votre brosse à dents et brossez-les avec.

OCTOBRE

Semaine **41**

lundi **9**

mardi **10**

mercredi **11**

jeudi **12**

vendredi **13**

samedi **14**

dimanche **15**

lune décroissante

Apogée 05 h 41

19 h 55

03 h 11

lune descendante

✖ Oubliez vos cheveux, poils et ongles.
★★★ Soins dentaires.

11 h 20

Apogée Mardi avant 11 h 41, laissez vos cheveux, ongles et poils tranquilles !

★★★ Couper vos cheveux afin qu'ils repoussent plus lentement, plus épais, plus forts, et qu'ils fourchent moins.
★★★ Permanente.
★★★ Soins aux cheveux secs et mixtes.
★★★ Soins des ongles pour les épaissir (repousse lente).
★★★ Commencer un jeûne ou un régime (boire beaucoup).
★★★ Faire un massage relaxant ou drainage lymphatique (voir Recette beautiful ci-contre).
★★★ Épilation pour une repousse lente.
★★ Soins des peaux grasses (nettoyer, assainir, gommer…).

12 h 21

★★★ Faire un massage relaxant ou un drainage lymphatique.
★★★ Soins des ongles (repousse lente et plus épaisse).
★★★ Commencer une détox (élimination des toxines par les plantes sur 3 semaines).
★★★ Épilation (repousse lente).
★★★ Éliminer les cors aux pieds.
★★ Faire un jeûne ou un régime, en pensant à boire beaucoup : la nouvelle lune qui arrive vous donnera un coup de pouce.
★★ Soins des peaux grasses (nettoyer, assainir, gommer…).

N'oubliez pas de « manifester » vos vœux durant la nouvelle lune.

Nœud lunaire Dimanche avant 09 h 11, laissez vos cheveux, ongles et poils tranquilles !

★★★ Jeûne, diète et détox : la nouvelle lune vous donnera un coup de pouce, mais pensez à boire beaucoup.
★★★ Appliquer un soin aux cheveux gras.
★ Massage énergétique. Soins des peaux sèches et mixtes.

“ *Si vous changez la façon dont vous regardez les choses, les choses que vous regardez changent.*

Wayne Dyer

OCTOBRE

Semaine **41**

lundi
9
St Denis

mardi
10
St Ghislain

mercredi
11
St Firmin

jeudi
12
St Wilfried

vendredi
13
St Géraud

samedi
14
St Juste

dimanche
15
Ste Thérèse d'Avila

Recette beautiful

Drainage lymphatique

& douche froide

Le drainage lymphatique est une technique de massage qui consiste à stimuler la circulation de la lymphe et à détoxifier l'organisme, tout en renforçant le système immunitaire.

- Massez avec du beurre de karité, en faisant des mouvements circulaires de 10 secondes.
- Commencez par le pied. Répétez plusieurs fois le mouvement, puis remontez doucement le long de la jambe, toujours de bas en haut.
- Au bout de 10 minutes, passez à l'autre jambe.
- Quand vous avez terminé le massage, installez-vous dans la baignoire, et massez vos jambes avec le jet d'eau tiède, de bas en haut.
- Diminuez petit à petit la température pour finir à l'eau froide.

Des bas de contention permettront de prolonger les bénéfices de ce soin.

OCTOBRE
Semaine **42**

lune croissante

lune descendante

◄ 11 h 14

lune montante

lundi 16

05 h 27

★ Couper vos cheveux (repousse rapide).
★ Coloration (les couleurs tiennent mieux).
★ Soins des cheveux gras.
★ Soins des peaux sèches et mixtes (nourrir, raffermir, hydrater).
★ Massage énergétique et tonifiant.

mardi 17

21 h 44

✖ Oubliez vos cheveux, poils et ongles.
★ Soins des peaux sèches et mixtes (nourrir, raffermir, hydrater).
★ Massage énergétique et tonifiant.

mercredi 18

Notes

jeudi 19

22 h 09

★★★ Appliquer un soin (masque, après-shampoing...) aux cheveux gras.
★★★ Massage énergétique et tonifiant.
★★ Couper vos cheveux (repousse rapide).
★★ Coloration des cheveux (les couleurs tiennent mieux).
★★ Nourrir, raffermir et hydrater les peaux sèches et mixtes.

vendredi 20

samedi 21

dimanche 22

05 h 29

06 h 15

★★★ Couper vos cheveux (repousse rapide, avec vigueur).
★★★ Coloration (voir Recette beautiful ci-contre).
★★★ Massage énergétique et tonifiant.

Précisez votre intention : concentrez-vous, visualisez-la et affirmez-la quotidiennement.

"Je ne perds jamais. Soit je gagne, soit j'apprends.
Nelson Mandela

OCTOBRE

Semaine **42**

lundi
16
Ste Edwige

mardi
17
St Baudoin

mercredi
18
St Luc

jeudi
19
St René

vendredi
20
Ste Adeline

samedi
21
Ste Céline

dimanche
22
Ste Élodie

Recette beautiful

Soin flash éclaircissant

Pour des cheveux sublimissimes !

- *Faites infuser 1 cuillère à soupe de camomille séchée dans 1 tasse d'eau bouillante.*
- *Ajoutez 4 cuillères à soupe de miel, le jus d'1 citron et 1 cuillère à café d'huile d'olive.*
- *Mélangez bien tous les ingrédients, puis laissez refroidir afin de ne pas brûler le cuir chevelu.*
- *Appliquez sur vos cheveux et couvrez-les d'un film alimentaire ou d'un bonnet de douche.*
- *Gardez poser 1 heure minimum, et toute la nuit si possible.*
- *Rincez à l'eau tiède.*

La camomille éclaircit, de même que le miel, qui est aussi hydratant. Le citron redonne de la brillance et l'huile d'olive renforce les cheveux.

OCTOBRE
Semaine **43**

lundi 23

lune croissante

★★★ Couper vos cheveux (repousse rapide, avec vigueur et santé).
★★★ Coloration (les couleurs tiennent mieux).
★★★ Appliquer un soin aux cheveux gras.
★★★ Massage énergétique et tonifiant.
★★★ Soins des ongles pour les renforcer (repousse rapide).

mardi 24

04 h 14

★★ Couper vos cheveux (repousse plus rapide).
★★ Coloration des cheveux (les couleurs tiennent mieux).
★★ Appliquer un soin (masque, après-shampoing...) aux cheveux gras.
★★ Soins des peaux sèches et mixtes (nourrir, raffermir, hydrater).
★★ Massage énergétique et tonifiant.

mercredi 25

jeudi 26

Périgée 05 h 02

lune montante

Périgée **Jeudi avant 11 h 02, laissez vos cheveux, ongles et poils tranquilles !**

08 h 07

★★★ Nettoyer, épurer le corps en faisant une petite diète. *(vendredi et samedi)*
★★ Soins des peaux sèches et mixtes (nourrir, raffermir, hydrater).
★★ Faire un massage énergétique et tonifiant.

vendredi 27

samedi 28

05 h 14

Nœud lunaire **Samedi avant 11 h 14, laissez vos cheveux, ongles et poils tranquilles !**

22 h 24

Éclipse partielle de lune samedi à 22 h 14

12 h 21

★★★ Jeûne, régime, détox (boire beaucoup).
★★ Soins des ongles pour les renforcer (repousse lente).
★★ Permanente. Soins des cheveux secs et mixtes.

dimanche 29

lune décroissante

Canalisez le trop-plein d'énergie de la pleine lune en pratiquant des activités sportives (voir Astuce magique ci-contre).

> *Celui qui, après avoir été négligeant, devient vigilant, illumine la Terre comme la lune émergeant des nuées.*
> *Bouddha*

OCTOBRE

Semaine **43**

lundi
23
St Jean de Capistran

mardi
24
St Florentin

mercredi
25
St Crépin

jeudi
26
St Dimitri

vendredi
27
Ste Émeline

samedi
28
St Jude

dimanche
29
St Narcisse

Passage à l'heure d'hiver : à 03 h 00, il sera 02 h 00

Astuce magique

Bien dormir

un soir de pleine lune

- Pratiquez une activité sportive la veille, le jour et le lendemain de la pleine lune.
- Adaptez votre alimentation en absorbant des aliments bourrés de mélatonine (que l'on appelle aussi hormone du sommeil).
- Les trois nutriments qui influencent la mélatonine sont le tryptophane, les vitamines B et le magnésium.
- Consommez donc des produits laitiers, du poisson (sardines, morue), du riz, des pâtes, du maïs, du brocoli, des haricots, des lentilles, des olives, des tomates, des cerneaux de noix, des noisettes, des amandes, des cacahuètes, des bananes pas mûres, des cerises, de l'ananas, du kiwi, de l'orge, des flocons d'avoine… et votre nuit sera apaisée !

OCTOBRE

Semaine **44**

lune décroissante

lune montante

◀ 06 h 14

lune descendante

lundi 30

mardi 31

08 h 35

★★ Appliquer un soin (masque) aux cheveux secs et mixtes.
★★ Faire un soin des ongles pour les renforcer (repousse lente).
★★ Réaliser des soins dentaires.
★ Couper vos cheveux afin qu'ils repoussent plus lentement, plus épais, plus forts, et qu'ils fourchent moins.
★ Massage relaxant ou drainage lymphatique.
★ Commencer un jeûne ou un régime, en pensant à boire beaucoup.

mercredi 1er

Notes

jeudi 2

Jeudi avant 15 h 47 :
★★ Épilation pour une repousse lente.
★★ Soins des peaux grasses (nettoyer, assainir, gommer…).

vendredi 3

15 h 47

★★★ Faire une permanente (voir Recette beautiful ci-contre).
★★ Soins dentaires.
★★ Soins (masque) aux cheveux secs et mixtes.
★★ Épilation (repousse lente).
★★ Soins des peaux grasses.
★★ Faire un massage relaxant ou un drainage lymphatique.
★★ Commencer un jeûne ou un régime (boire beaucoup).

samedi 4

03 h 02

✖ Oubliez vos cheveux, poils et ongles.
★★★ Réaliser des soins dentaires.
★★ Commencer un jeûne ou un régime (boire beaucoup).
★★ Soins des peaux grasses.
★★ Faire un massage relaxant ou un drainage lymphatique.

Faites peau neuve ! Hammam, gommage, balade en forêt…

dimanche 5

09 h 37

18 h 01

★★★ Coupe des cheveux, épilation, soins des ongles (repousse lente). Permanente.
★★★ Soins des cheveux secs et mixtes. Massage relaxant.

“ *Le vrai bonheur ne dépend d'aucun être, d'aucun objet extérieur. Il ne dépend que de nous.*
Dalaï-Lama

lundi
30
Sᵗ Bienvenue

mardi
31
Sᵗ Quentin

mercredi
1er
TOUSSAINT

jeudi
2
Défunts

vendredi
3
Sᵗ Hubert

samedi
4
Sᵗ Charles

dimanche
5
Sᵗᵉ Sylvie

Recette beautiful

Gel coiffant aux graines de lin

Pour cheveux permanentés

- Dans une casserole, versez 50 cl d'eau et faites tremper 40 g de graines de lin pendant 6 heures.
- Mettez ensuite à cuire. Lorsque l'eau bout, baissez le feu et laissez frémir doucement de 4 à 5 minutes, jusqu'à obtention d'un gel (plus il sera épais, plus la tenue sera forte).
- Filtrez avec une passoire ou un collant fin pour récupérer le gel.
- Vous pouvez ajouter 1 cuillère à soupe de gel d'aloe vera et/ou 1 cuillère à café de vitamine E (aide aux cheveux abîmés et à la conservation).

Appliquez sur cheveux secs ou humides. En plus de fixer les cheveux, ce gel les hydratera. Conservez-le dans un bocal en verre au réfrigérateur pendant 1 semaine maximum.

NOVEMBRE

Semaine **45**

lundi **6**

Apogée 22 h 49

mardi **7**

mercredi **8**

lune décroissante

jeudi **9**

lune descendante

vendredi **10**

samedi **11**

☊ **09 h 49**

dimanche **12**

Apogée Lundi après 16 h 49, laissez vos cheveux, ongles et poils tranquilles !

★★★ Couper vos cheveux afin qu'ils repoussent plus lentement, plus épais, plus forts, et qu'ils fourchent moins.
★★★ Faire une permanente.
★★★ Soins (masque) aux cheveux secs et mixtes.
★★★ Soins des ongles pour les épaissir (repousse lente).
★★★ Commencer un jeûne ou un régime (boire beaucoup).
★★★ Faire un massage relaxant ou un drainage lymphatique.
★★★ Épilation pour une repousse lente.
★★ Soins des peaux grasses (nettoyer, assainir, gommer...).

19 h 06

★★★ Couper vos cheveux afin qu'ils repoussent plus lentement, plus épais, plus forts et qu'ils fourchent moins.
★★★ Soins des cheveux secs et mixtes.
★★★ Faire une permanente.
★★★ Faire un massage relaxant ou un drainage lymphatique.
★★★ Soins dentaires.
★★★ Soins des ongles (repousse lente et épaisse).
★★★ Commencer une détox (élimination des toxines par les plantes sur 3 semaines).
★★★ Épilation (repousse lente).
★★ Commencer un jeûne ou un régime (boire beaucoup).
★★ Soins des peaux grasses (nettoyer, assainir, gommer...).

Nœud lunaire Samedi avant 15 h 49, laissez vos cheveux, ongles et poils tranquilles !

11 h 52

★★★ Jeûne, diète ou détox.
★★★ Épilation (repousse lente). Éliminer les cors.
★★ Soins des peaux grasses. Massage relaxant ou drainage.

Une détox de votre organisme serait très efficace (voir Recette beautiful ci-contre).

> “ *Quand tu te lèves le matin, pense au précieux privilège que tu as d'être vivant, de respirer, de penser, de sentir, de toucher et d'aimer.*
> *Marc Aurèle*

NOVEMBRE

Semaine **45**

lundi
6
Ste Bertille

mardi
7
Ste Carine

mercredi
8
St Geoffroy

jeudi
9
St Théodore

vendredi
10
St Léon

samedi
11
ARMISTICE 1918

dimanche
12
St Christian

Recette beautiful

Jus détox

- *Passez à l'extracteur de jus ou au blender 2 carottes, 1 betterave, 1 pomme, 5 branches de persil et 1 gousse d'ail.*
- *Buvez ce jus de fruits et de légumes tous les matins à jeun pendant 10 jours.*

De grande qualité nutritionnelle, riche en fibres et peu calorique, ce jus nettoiera votre organisme :

- *La carotte et le persil sont bons pour la digestion et pleins de vitamines.*
- *La betterave est détoxifiante et anticholestérol.*
- *La pomme a des propriétés détoxifiantes, dépuratives, lutte contre le mauvais cholestérol et régule la glycémie.*
- *L'ail est un superaliment aux multiples vertus : il agit comme un antibiotique naturel, lutte contre le cholestérol, le diabète et l'hypertension, renforce l'immunité et détoxique le sang.*

NOVEMBRE

Semaine **46**

lundi 13 — 10 h 27 (nouvelle lune) — lune croissante — lune descendante

C'est le moment de regarder l'avenir et d'inviter la nouveauté dans votre vie (voir Rituel magique ci-contre).

★★★ Nettoyer, épurer et détoxifier le corps (jeûne, diète ou détox) : la nouvelle lune vous donnera un coup de pouce.
★ Soins des peaux sèches et mixtes.
★ Massage énergétique et tonifiant.

mardi 14 — 03 h 29

✖ Oubliez vos cheveux, poils et ongles.
★★★ Nettoyer, épurer et détoxifier le corps (jeûne, diète ou détox) : la nouvelle lune vous donne un coup de pouce, mais pensez à boire beaucoup. *(mardi)*
★ Massage énergétique et tonifiant.
★ Soins des peaux sèches et mixtes (nourrir, raffermir, hydrater).

mercredi 15

jeudi 16 — ◀ 15 h 44 (fin de la lune descendante, début de la lune montante) — 03 h 01

★★★ Appliquer un soin (masque, après-shampoing…) aux cheveux gras.
★★★ Massage énergétique et tonifiant.
★★ Couper vos cheveux (repousse rapide).
★★ Coloration des cheveux (les couleurs tiennent mieux).
★★ Nourrir, raffermir, hydrater les peaux sèches et mixtes.

vendredi 17

Notes

samedi 18 — lune montante — 10 h 38

★★★ Couper vos cheveux (repousse rapide, avec plus de vigueur et de santé).
★★★ Coloration des cheveux (les couleurs tiennent mieux).
★★★ Appliquer un soin (masque, après-shampoing…) aux cheveux gras.
★★★ Massage énergétique et tonifiant.
★★★ Soins des ongles pour les renforcer (repousse rapide).

dimanche 19

“ *Quoi que tu rêves d'entreprendre, commence-le.*
L'audace a du génie, du pouvoir et de la magie.
Goethe

NOVEMBRE

Semaine **46**

lundi
13
St Brice

mardi
14
St Sidoine

mercredi
15
St Albert

jeudi
16
Ste Marguerite

vendredi
17
Ste Élisabeth

samedi
18
Ste Aude

dimanche
19
St Tanguy

Rituel magique

Nouvelle habitude positive

La nouvelle lune est le moment propice pour prendre une nouvelle habitude positive, et divers rituels peuvent vous aider à manifester ce que vous avez envie de mettre en marche.

- *Profitez d'un moment calme et serein, dans un endroit apaisant, pour faire une séance de yoga.*
- *Après la gymnastique du corps, passez à la gymnastique de l'esprit, en enchaînant avec une séance de méditation pour vous relaxer et vous recentrer.*
- *Terminez ce moment privilégié en notant vos ressentis, ce dont vous avez envie au plus profond de vous.*
- *Quelle nouvelle habitude brûlez-vous de mettre en place ? Maintenant qu'elle est définie, commencez immédiatement, pour qu'elle dure dans le temps… À vous de façonner votre monde comme vous l'entendez !*

NOVEMBRE

Semaine **47**

lundi 20

11 h 50

mardi 21

Périgée 22 h 01

mercredi 22

jeudi 23

vendredi 24

12 h 02

samedi 25

dimanche 26

lune croissante

lune montante

09 h 05

Moment d'abondance et de créativité dans l'élaboration de vos rêves et de vos projets.

★★ Couper vos cheveux (repousse plus rapide).
★★ Coloration des cheveux (les couleurs tiennent mieux).
★★ Appliquer un soin (masque, après-shampoing...) aux cheveux gras.
★★ Soins des peaux sèches et mixtes (voir Recette beautiful ci-contre).
★★ Massage énergétique et tonifiant.

Périgée **Mardi après 16 h 01, laissez vos cheveux, ongles et poils tranquilles !**

14 h 03

✖ Oubliez vos cheveux, poils et ongles.
★★ Soins des peaux sèches et mixtes (nourrir, raffermir, hydrater).
★★ Faire un massage énergétique et tonifiant.

Nœud lunaire **Vendredi avant 18 h 02, laissez vos cheveux, ongles et poils tranquilles !**

20 h 05

★★★ Couper vos cheveux (repousse rapide avec plus de vigueur et de santé).
★★★ Coloration des cheveux (les couleurs tiennent mieux).
★★★ Appliquer un soin aux cheveux gras.
★★★ Massage énergétique et tonifiant.

★★★ Nettoyer, épurer le corps en faisant une petite diète.

18 h 03

★★★ Soins cheveux gras. Massage énergétique et tonifiant.
★★ Couper vos cheveux (repousse rapide). Coloration.
★★ Soins des peaux sèches et mixtes.

“ *Faire ce que vous aimez est la pierre angulaire pour obtenir l'abondance dans votre vie.*
Wayne Dyer

lundi
20
St Edmond

mardi
21
Prés. de Marie

mercredi
22
Ste Cécile

jeudi
23
St Clément

vendredi
24
Ste Flora

samedi
25
Ste Catherine

dimanche
26
Ste Delphine

Recette beautiful

Masque purifiant & hydratant

Pour peau sèche et mixte

Vous devez toujours utiliser une cuillère en bois lorsque vous travaillez l'argile, jamais du métal, afin de ne pas perdre ses propriétés.

- *Mettez 2 cuillères à soupe d'argile blanche dans un bol, recouvrez d'eau et laissez reposer 5 minutes.*
- *Ajoutez ensuite 1 cuillère à soupe d'huile d'amande douce, une de yaourt et une de miel.*
- *Mélangez bien tous les ingrédients, puis appliquez ce masque avec un pinceau et laissez poser 15 minutes. Vaporisez un peu d'eau sur votre visage si besoin, afin de garder votre masque humide.*
- *Rincez à l'eau claire.*

NOVEMBRE

Semaine **48**

lune décroissante

lune montante

◀ 15 h 11

lune descendante

lundi 27

10 h 16

Exploitez l'abondance d'énergie de cette pleine lune afin de surmonter les obstacles qu'il vous reste à franchir pour mener à bien votre entreprise.

★★ Appliquer un soin (masque) aux cheveux secs et mixtes.
★★ Faire un soin des ongles pour les renforcer (repousse lente).
★★ Réaliser des soins dentaires.
★ Couper vos cheveux afin qu'ils repoussent plus lentement, plus épais, plus forts, et qu'ils fourchent moins.
★ Faire un massage relaxant ou un drainage lymphatique.
★ Faire un jeûne ou un régime, en pensant à boire beaucoup.

mardi 28

mercredi 29

Mercredi après 15 h 11 :
★★ Soins des peaux grasses.
★★ Épilation afin que la repousse soit plus lente.

jeudi 30

01 h 00

★★★ Faire une permanente.
★★ Soins (masque) aux cheveux secs et mixtes.
★★ Épilation (repousse lente). Soins dentaires.
★★ Soins des peaux grasses.
★★ Faire un massage relaxant ou un drainage lymphatique.
★★ Faire un jeûne, un régime.

vendredi 1er

11 h 49

✖ Oubliez vos cheveux, poils et ongles.
★★★ Réaliser des soins dentaires.
★★★ Épilation pour une repousse lente.
★★ Soins des peaux grasses (sudation, nettoyer, assainir, gommer…)
★★ Faire un massage relaxant ou un drainage lymphatique.

samedi 2

dimanche 3

02 h 26

★★★ Coupe des cheveux, épilation, soins des ongles (repousse lente). Permanente.
★★★ Soins aux cheveux secs et mixtes (voir Recette beautiful ci-contre).
★★★ Massage relaxant.
★★ Soins des peaux grasses.

« Ma maman a dit un jour : « Seuls les gens qui se soucient vraiment de toi peuvent t'entendre lorsque tu es silencieuse. »

DÉCEMBRE

Semaine **48**

lundi 27
St Sévrin

mardi 28
St Jacques de la Marche

mercredi 29
St Saturnin

jeudi 30
St André

vendredi 1er
Ste Florence

samedi 2
Ste Viviane

dimanche 3
St François-Xavier

Recette beautiful

Bain d'huile

pour cheveux secs

Si vous avez les cheveux secs, cassants et fourchus, une coupe s'impose ainsi qu'un bain d'huile.

- *Préférez de l'huile de jojoba (l'or des Incas) qui va nourrir et hydrater les cheveux sans les graisser ni les alourdir, en leur redonnant brillance, souplesse et force.*
- *Sur cheveux humides de préférence, appliquez directement sur les longueurs l'huile de jojoba.*
- *Vous n'avez pas besoin de rincer, l'huile va pénétrer directement dans la fibre capillaire, sans laisser de film gras.*
- *Vous pouvez renouveler ce soin régulièrement.*
- *Si votre conjoint a les poils de barbe secs, il peut également réaliser un bain d'huile de jojoba, qui lui permettra de conserver une belle épaisseur, douce et soyeuse.*

DÉCEMBRE

Semaine **49**

lundi 4

mardi 5

mercredi 6

jeudi 7

vendredi 8

samedi 9

dimanche 10

Apogée 19 h 42

06 h 49

lune décroissante

16 h 24

lune descendante

Apogée **Lundi après 13 h 42, laissez vos cheveux, ongles et poils tranquilles !**

★★★ Couper vos cheveux (repousse lente).
★★★ Faire une permanente.
★★★ Soins (masque) aux cheveux secs et mixtes.
★★★ Soin des ongles pour les épaissir (repousse lente).
★★★ Faire un massage relaxant ou un drainage lymphatique (voir Recette beautiful ci-contre).
★★★ Épilation pour une repousse lente.
★★ Soins des peaux grasses (nettoyer, assainir, gommer…).

Régénérez-vous physiquement et émotionnellement.

03 h 35

★★★ Couper vos cheveux afin qu'ils repoussent plus lentement, plus épais, plus forts, et qu'ils fourchent moins.
★★★ Appliquer un masque aux cheveux secs et mixtes.
★★★ Faire une permanente.
★★★ Faire un massage relaxant ou un drainage lymphatique.
★★★ Réaliser des soins dentaires.
★★★ Soins des ongles (repousse lente, plus épais).
★★★ Épilation (repousse lente).
★★ Soins des peaux grasses (nettoyer, assainir, gommer…).

Nœud lunaire **Vendredi après 10 h 24, laissez vos cheveux, ongles et poils tranquilles !**

20 h 54

★★★ Soins dentaires.
★★★ Éliminer les cors aux pieds.
★★ Couper vos cheveux (repousse lente).
★★ Épilation (repousse lente).
★★ Soins aux cheveux secs et mixtes.
★★ Soins des peaux grasses.
★★ Massage relaxant ou drainage lymphatique.

> *Le plaisir se ramasse, la joie se cueille et le bonheur se cultive.*
> *Bouddha*

DÉCEMBRE

Semaine **49**

lundi
4
Ste Barbara

mardi
5
St Gérald

mercredi
6
St Nicolas

jeudi
7
Ste Ambroise

vendredi
8
Imm. Conception

samedi
9
St Pierre Fourier

dimanche
10
St Romaric

Recette beautiful

Massage relaxant & sensuel

Les jours raccourcissent et les journées de travail paraissent plus longues ? Un moment de détente tel qu'un délicieux massage relaxant vous ferait le plus grand bien !

- Mélangez 2 cuillères à soupe d'huile d'amande douce ou de pépins de raisin, 10 gouttes d'huile essentielle de lavande et 6 gouttes d'huile essentielle d'ylang-ylang.
- Prenez soin de bien faire chauffer la pièce, de mettre de la musique et un encens.
- Faites-vous masser par votre partenaire, notamment le dos et entre les épaules. Il y aura même assez d'huile pour lui rendre la pareille.
- Pour un massage encore plus sensuel : 3 cuillères à soupe d'huile végétale d'amande douce ou de pépins de raisin, 8 gouttes d'huile essentielle de néroli et 4 gouttes d'huile essentielle de lavande.

DÉCEMBRE

Semaine **50**

lune décroissante | lune descendante | 00 h 32 | ◄ 22 h 52 | lune croissante | lune montante | Périgée 19 h 52

lundi 11

★★★ Épilation (repousse lente). Éliminer les cors aux pieds.
★★ Soins des peaux grasses. Massage relaxant.

mardi 12

12 h 18

✖ Oubliez vos cheveux, poils et ongles.
★★★ Nettoyer, épurer le corps (jeûne, diète) : la nouvelle lune qui arrive vous donnera un coup de pouce, mais pensez à boire beaucoup.
★★ Soins des peaux grasses (nettoyer, assainir, gommer...).
★★ Faire un massage relaxant ou un drainage lymphatique.

La nouvelle lune marque le point de départ pour réaliser vos rêves.

mercredi 13

jeudi 14

10 h 59

★★★ Nettoyer, épurer le corps (jeûne, diète) : la nouvelle lune vous donne un coup de pouce, mais pensez à boire beaucoup. *(mercredi et jeudi)*
★★★ Appliquer un soin aux cheveux gras.
★★★ Massage énergétique et tonifiant.
★★ Nourrir, raffermir et hydrater les peaux sèches et mixtes.

Cure tonifiante, compléments alimentaires (phytothérapie), à faire sur une semaine.

vendredi 15

samedi 16

17 h 12

★★★ Couper vos cheveux (repousse rapide avec vigueur).
★★★ Coloration des cheveux (les couleurs tiennent mieux).
★★★ Appliquer un soin aux cheveux gras.
★★★ Massage énergétique et tonifiant.
★★★ Soins des ongles pour les renforcer (voir Recette beautiful ci-contre), mais repousse rapide.

Périgée **Samedi après 13 h 52, laissez vos cheveux, ongles et poils tranquilles !**

dimanche 17

14 h 47

★★ Couper vos cheveux (repousse rapide). Coloration.
★★ Soins aux cheveux gras.
★★ Soins des peaux sèches et mixtes.

“ *Ne te laisse pas limiter par les gens, tu peux devenir tout ce que tu veux être. Crois fort en tes rêves !*

DÉCEMBRE

Semaine **50**

lundi
11
St Daniel

mardi
12
St Corentin

mercredi
13
Ste Lucie

jeudi
14
Ste Odile

vendredi
15
Ste Ninon

samedi
16
Ste Alice

dimanche
17
St Gaël

Recette beautiful

Soins des ongles

Ail, citron & bain d'huile

Une à deux fois par semaine, prenez l'habitude de préparer un rituel beauté pour chouchouter vos ongles.

- *Pelez et écrasez 2 gousses d'ail dans un bol.*
- *Ajoutez le jus d'un citron et 2 grosses cuillères à soupe d'huile d'olive, de ricin ou d'amande douce (vous pouvez aussi faire un mix).*
- *Installez-vous confortablement et relaxez-vous en écoutant une musique douce.*
- *Pendant ce temps, faites tremper vos ongles dans le bol et massez-les.*
- *Vous apaiserez votre esprit pendant que vous nourrirez et fortifierez vos ongles cassants et striés.*
- *Restez ainsi pendant environ 15 minutes, puis lavez-vous les mains.*

DÉCEMBRE
Semaine **51**

lundi 18 — lune croissante — lune montante

★★ Couper vos cheveux (repousse plus rapide).
★★ Coloration des cheveux (les couleurs tiennent mieux).
★★ Appliquer un soin aux cheveux gras.
★★ Soins des peaux sèches et mixtes (voir Recette beautiful ci-contre).
★★ Massage énergétique et tonifiant.

mardi 19

19 h 39

18 h 47

C'est la période idéale pour pratiquer des rituels d'attraction.

mercredi 20

✖ Oubliez vos cheveux, poils et ongles.
★★ Soins des peaux sèches et mixtes (nourrir, raffermir, hydrater).
★★ Faire un massage énergétique et tonifiant.

jeudi 21

14 h 53

Nœud lunaire **Jeudi, laissez vos cheveux, ongles et poils tranquilles !**

vendredi 22

Solstice d'hiver 04 h 27

02 h 31

★★★ Couper vos cheveux (repousse rapide avec plus de vigueur et de santé).
★★★ Coloration des cheveux (les couleurs tiennent mieux).
★★★ Appliquer un soin (masque, après-shampoing…) aux cheveux gras.
★★★ Massage énergétique et tonifiant.

samedi 23

dimanche 24

01 h 31

★★★ Appliquer un soin aux cheveux gras.
★★★ Faire un massage énergétique et tonifiant.
★★ Couper vos cheveux pour une repousse plus rapide.
★★ Coloration des cheveux (les couleurs tiennent mieux).
★★ Soins des peaux sèches et mixtes.

« Va vers les gens et les lieux qui allument une étincelle dans ton âme. »

DÉCEMBRE

Semaine **51**

lundi **18**
St Gatien

mardi **19**
St Urbain

mercredi **20**
St Théophile

jeudi **21**
St Pierre Canisius

vendredi **22**
S[te] Fr.-Xavière

HIVER

samedi **23**
St Armand

dimanche **24**
Ste Adèle

Recette beautiful

Masque à l'avocat

Pour peaux sèches

L'hiver, votre peau est mise à rude épreuve et un soin s'impose pour l'aider à rester en pleine forme.

- *Mélangez 1 cuillère à soupe de jus de citron avec la chair d'un avocat écrasé.*
- *Ajoutez 2 cuillères à soupe de crème fraîche, mélangez bien, puis étalez sur votre visage et laissez poser 15 minutes minimum.*
- *Rincez à l'eau fraîche et tamponnez délicatement votre visage avec une serviette douce pour vous sécher.*
- *Appliquez ensuite quelques gouttes d'huile d'amande douce ou d'argan, qui complèteront ce soin nourrissant.*

DÉCEMBRE

Semaine **52**

lundi **25**

mardi **26**

mercredi **27**

jeudi **28**

vendredi **29**

samedi **30**

dimanche **31**

lune croissante — 01 h 33 — *lune décroissante*

lune montante — ◀22 h 51 — *lune descendante*

★★★ Appliquer un soin (masque, après-shampoing…) aux cheveux gras.
★★★ Faire un massage énergétique et tonifiant.
★★ Couper vos cheveux pour une repousse plus rapide.
★★ Coloration des cheveux (les couleurs tiennent mieux).
★★ Soins des peaux sèches et mixtes (nourrir, raffermir, hydrater).
★★★ Nettoyer, épurer le corps en faisant une petite diète. *(mardi)*

Analyse, gratitude et méditation de pleine lune.

09 h 27

★★★ Faire un jeûne ou un régime (pensez à boire beaucoup).
★★★ Faire une permanente.
★★ Soins dentaires.
★★ Soins (masque) aux cheveux secs et mixtes.
★★ Épilation (repousse lente).
★★ Soins des peaux grasses.
★★ Faire un massage relaxant ou un drainage lymphatique.

20 h 17

✕ Oubliez vos cheveux, poils et ongles.
★★★ Réaliser des soins dentaires.
★★★ Épilation pour une repousse lente (voir Recette beautiful ci-contre).
★★ Soins des peaux grasses (sudation, nettoyer, assainir, gommer…)
★★ Faire un massage relaxant ou un drainage lymphatique.

10 h 45

★★★ Couper vos cheveux afin qu'ils repoussent plus lentement, plus épais, plus forts, et qu'ils fourchent moins.
★★★ Faire une permanente.
★★★ Soins (masque) aux cheveux secs et mixtes.
★★★ Faire un soin des ongles pour les épaissir (repousse lente).
★★★ Faire un massage relaxant ou un drainage lymphatique.
★★★ Épilation pour une repousse lente.
★★ Soins des peaux grasses (nettoyer, assainir, gommer…).

“ *Ne perds jamais espoir.*
Lorsque le soleil se couche, les étoiles se lèvent.

DÉCEMBRE

Semaine **52**

lundi **25**
NOËL

mardi **26**
St Étienne

mercredi **27**
St Jean

jeudi **28**
Sts Innocents

vendredi **29**
St David

samedi **30**
St Roger

dimanche **31**
St Sylvestre

Recette beautiful

Crème épilatoire

Pour les poils du visage

Que ce soit pour les petits poils au-dessus des lèvres ou le duvet sur les tempes, voici une recette facile à faire et très efficace !

- *Dans un bol, pressez le jus d'un citron.*
- *Ajoutez 30 g de farine et remuez.*
- *Rectifiez la texture en ajoutant un peu d'eau, afin d'obtenir une pâte épaisse, mais pas trop pâteuse non plus, car il faut qu'elle puisse s'étaler correctement.*
- *Appliquez sur les poils du visage que vous souhaitez retirer.*
- *Laissez poser de 15 à 20 minutes, puis raclez la pâte séchée dans le sens inverse du poil avec une serviette chaude.*
- *Rincez à l'eau fraîche et appliquez une crème hydratante.*
- *Répétez 2 fois par semaine afin d'obtenir le résultat escompté.*

Calendrier 2024

Janvier			Février			Mars			Avril			Mai			Juin		
1	L		1	J		1	V		1	L		1	M	🌗	1	S	
2	M		2	V		2	S		2	M	🌗	2	J		2	D	
3	M		3	S	🌗	3	D	🌗	3	M		3	V		3	L	
4	J	🌗	4	D		4	L		4	J		4	S		4	M	
5	V		5	L		5	M		5	V		5	D		5	M	
6	S		6	M		6	M		6	S		6	L		6	J	🌑
7	D		7	M		7	J		7	D		7	M		7	V	
8	L		8	J		8	V		8	L	🌑	8	M	🌑	8	S	
9	M		9	V		9	S		9	M		9	J		9	D	
10	M		10	S	🌑	10	D	🌑	10	M		10	V		10	L	
11	J	🌑	11	D		11	L		11	J		11	S		11	M	
12	V		12	L		12	M		12	V		12	D		12	M	
13	S		13	M		13	M		13	S		13	L		13	J	
14	D		14	M		14	J		14	D		14	M		14	V	🌓
15	L		15	J		15	V		15	L	🌓	15	M	🌓	15	S	
16	M		16	V	🌓	16	S		16	M		16	J		16	D	
17	M		17	S		17	D	🌓	17	M		17	V		17	L	
18	J	🌓	18	D		18	L		18	J		18	S		18	M	
19	V		19	L		19	M		19	V		19	D		19	M	
20	S		20	M		20	M		20	S		20	L		20	J	
21	D		21	M		21	J		21	D		21	M		21	V	
22	L		22	J		22	V		22	L		22	M		22	S	🌕
23	M		23	V		23	S		23	M		23	J	🌕	23	D	
24	M		24	S	🌕	24	D		24	M	🌕	24	V		24	L	
25	J	🌕	25	D		25	L	🌕	25	J		25	S		25	M	
26	V		26	L		26	M		26	V		26	D		26	M	
27	S		27	M		27	M		27	S		27	L		27	J	
28	D		28	M		28	J		28	D		28	M		28	V	🌗
29	L		29	J		29	V		29	L		29	M		29	S	
30	M					30	S		30	M		30	M	🌗	30	D	
31	M					31	D					31	M				

🌑 Nouvelle lune — 🌕 Pleine lune

🌓 Premier quartier — 🌗 Dernier quartier

Juillet			Août			Septembre			Octobre			Novembre			Décembre		
1	L		1	J		1	D		1	M		1	V	🌑	1	D	🌑
2	M		2	V		2	L		2	M	🌑	2	S		2	L	
3	M		3	S		3	M	🌑	3	J		3	D		3	M	
4	J		4	D	🌑	4	M		4	V		4	L		4	M	
5	V		5	L		5	J		5	S		5	M		5	J	
6	S	🌑	6	M		6	V		6	D		6	M		6	V	
7	D		7	M		7	S		7	L		7	J		7	S	
8	L		8	J		8	D		8	M		8	V		8	D	🌓
9	M		9	V		9	L		9	M		9	S	🌓	9	L	
10	M		10	S		10	M		10	J	🌓	10	D		10	M	
11	J		11	D		11	M	🌓	11	V		11	L		11	M	
12	V		12	L	🌓	12	J		12	S		12	M		12	J	
13	S		13	M		13	V		13	D		13	M		13	V	
14	D	🌓	14	M		14	S		14	L		14	J		14	S	
15	L		15	J		15	D		15	M		15	V	🌕	15	D	🌕
16	M		16	V		16	L		16	M		16	S		16	L	
17	M		17	S		17	M		17	J	🌕	17	D		17	M	
18	J		18	D		18	M	🌕	18	V		18	L		18	M	
19	V		19	L	🌕	19	J		19	S		19	M		19	J	
20	S		20	M		20	V		20	D		20	M		20	V	
21	D	🌕	21	M		21	S		21	L		21	J		21	S	
22	L		22	J		22	D		22	M		22	V		22	D	🌗
23	M		23	V		23	L		23	M		23	S	🌗	23	L	
24	M		24	S		24	M	🌗	24	J	🌗	24	D		24	M	
25	J		25	D		25	M		25	V		25	L		25	M	
26	V		26	L	🌗	26	J		26	S		26	M		26	J	
27	S		27	M		27	V		27	D		27	M		27	V	
28	D	🌗	28	M		28	S		28	L		28	J		28	S	
29	L		29	J		29	D		29	M		29	V		29	D	
30	M		30	V		30	L		30	M		30	S		30	L	🌑
31	M		31	S					31	J					31	M	

Index

Index des recettes beauté

Index des rituels lunaires

Informations *complémentaires*

Décalage horaire

L'heure sur Terre est différente suivant le lieu où nous nous trouvons. Les heures indiquées sur cet agenda sont celles de la France. Si vous vous trouvez ailleurs sur la planète, vous devrez adapter les horaires de cet agenda au pays où vous vous trouvez. La planète est découpée en 24 bandes (comprises entre deux méridiens distants de 15°) représentant les 24 heures d'une journée. Vous pouvez utiliser un convertisseur de fuseaux horaires pour faire ce petit travail.

Changement d'heure en 2023

Au moment où cet agenda a été imprimé, la France n'avait toujours pas statué sur la fin prévue du changement d'heure. J'ai donc indiqué les changements d'heure le dimanche 26 mars 2023 (à 2 h du matin, il sera 3 h) et du dimanche 29 octobre 2023 (à 3 h du matin, il sera 2 h). Si la France statue d'ici 2023, il faudra donc adapter les horaires en fonction des changements choisis.

Sources IMCCE

Afin d'avoir des horaires les plus précis et justes des phases de la lune et du passage de cette dernière devant les constellations, je ne me sers d'aucune application. Je prends mes informations directement à la source, à l'Institut de mécanique céleste et de calculs des éphémérides (IMCCE), et plus particulièrement auprès de leur Service de calculs astronomiques et de renseignements (SCAR).

L'IMCCE est l'un des cinq grands bureaux qui produisent des éphémérides originales au niveau international. À travers le SCAR, il est l'unique interlocuteur habilité des services de l'État français pour répondre aux demandes liées aux éphémérides. Outre ce service, l'IMCCE est une unité mixte de recherche du CNRS.

Remerciements

Je tiens à remercier toutes les personnes qui me suivent depuis de nombreuses années sur mon site internet : **calendrier-lunaire.info**, et qui n'hésitent pas à laisser des commentaires et partagent mes articles.

Je remercie l'IMCCE pour la transmission de leurs savoirs, recherches et calculs.

Merci également aux éditions Mosaïque-Santé, qui me font confiance et renouvellent l'aventure de cet agenda qui rassemble les informations des calendriers lunaires mensuels cheveux, santé, beauté et bien-être en un magnifique ouvrage. Nous avons une philosophie commune : faire circuler les informations qui peuvent vous épanouir et vous aider à vivre en bonne santé.

Enfin, merci à vous qui tenez cet agenda entre vos mains, pour votre confiance et cette année 2023 que nous allons vivre ensemble au rythme de la lune.

C'est un long chemin qui m'a conduit vers une vie naturelle, saine, zen et bio, avec comme priorité la santé, le bien-être et l'épanouissement personnel, mais surtout, avec des étoiles plein les yeux... Ce sont ces étoiles que je veux mettre dans vos yeux aujourd'hui, dans l'unique instant présent. Lumineusement vôtre,

Diane
du calendrier-lunaire.info

Retrouvez-moi sur mon site internet afin de discuter ensemble :
http://calendrier-lunaire.info